명심보감

이민수 옮김

명심보감

을유문화사

I. 명심보감이란

〈명심보감(明心寶鑑)〉의 '명심(明心)'이란 명륜(明倫)·명도(明道)와 같은
어형으로 "마음을 밝게 한다"는 뜻이고, '보감(寶鑑)'이란 보물(寶物)·보
경(寶鏡)·진보(珍寶) 등 이전부터 흔히 인용되던 보경(寶鏡)과 똑같은 말
이다.

　〈명심보감〉은 중국의 옛 현인들의 명구名句를 모은 것으로, 그 자료는
〈경사자집(經史子集)〉과 그 밖의 여러 책에서 중요한 글들을 뽑은 것이다.
여러 판본이 전해지고 있지만 편찬 연대는 정확하지 않다. 우리 나라에서
는 아주 오래 전부터 한문 초학자의 도의교본(道義敎本)으로 널리 애용되
어 온 책이다.

2. 지은이

원래 〈명심보감〉은 1393년 중국 명(明)나라의 범립본(范立本)이 자녀 교육과 풍속 순화를 위해 편찬한 것으로 상·하 2권에 모두 20편으로 분류하였는데, 고려 충렬왕 때 예문관제학을 지낸 노당(露堂) 추적(秋適)이 편찬했다고 전해지는 〈명심보감초(明心寶鑑抄)〉에는 19편이 수록되어 있다.

3. 구성

〈명심보감〉은 선행을 강조하는 계선편(繼善篇), 하늘의 뜻에 따라 살아야 한다는 천명편(天命篇), 주어진 천명에 따라야 한다는 순명편(順命篇), 어버이에게 효도하라는 효행편(孝行篇), 자기 자신을 바르게 해야 한다는 정기편(正己篇), 자신의 직분, 환경, 조건 등에 만족하여 안정을 찾는 삶을 권고하는 안분편(安分篇), 남에게는 관대하고 자신에게는 엄격하라는 존심편(存心篇), 참음을 강조하고 인정을 베풀라는 계성편(戒性篇), 학문에 힘쓰라는 근학편(勤學篇), 자녀 교육의 중요성을 강조한 훈자편(訓子篇), 마음을 성찰하는 내용과 방식을 다룬 성심편(省心篇) 상·하, 삼강오륜을 비롯하여 실천 윤리를 가르치는 입교편(立敎篇), 정사(政事)를 다스리는 관리들에게 교훈이 될 만한 글들을 모아 놓은 치정편(治政篇), 집안을 다스리는 데 도움이 되는 말이 실려 있는 치가편(治家篇), 부부, 부자, 형제의 관계를 강조한 안의편(安義篇), 모든 일에 있어 예절이 근본임을 가르치는 준례편

(遵禮篇), 말을 삼가라는 언어편(言語篇), 좋은 벗을 사귀라는 교우편(交友篇), 부녀자의 수양을 가르치는 부행편(婦行篇) 등 모두 19편으로 구성되어 있다.

판본에 따라서는 인과응보에 대한 가르침을 모아 놓은 증보편(增補篇), 어버이를 봉양하고 아이를 기르는 데 있어 그 부모와 자식의 사이에서 갖는 여덟 가지의 상반된 마음을 비교하여 읊은 노래 팔반가(八反歌), 효자들의 실화를 예로 든 효행편속(孝行篇續), 청렴과 의리를 강조한 염의편(廉義篇), 힘써 배우기를 권하는 권학편(勸學篇) 등 5편이 더해진 경우도 있다.

여기에서는 팔반가(八反歌)를 포함하여 총 20편을 수록하였다. 특히 팔반가는 전편이 모두 '부모가 자식은 사랑하지만 자식은 부모에게 효도하지 않는다' 고 갈파하여 사람들에게 효의 중요성을 강조하고 있다. 이 팔반가 전편은 〈녹계궁지(綠桂宮誌)〉라는 책에 있던 내용을 〈명심보감〉에 실은 것이다.

4. 각 편에 실린 예담

이 책의 특기할 만한 사항은 다른 책에는 없는 예담(例談)을 실었다는 점이다. 원래 〈명심보감〉에는 없는 이 예담은 본문의 내용과 같은 줄거리의 옛 이야기를 재미있게 만들어 원문 뒤에 실음으로써 딱딱한 원문에서 느낄 수 없는 재미와 해당 편의 이야기를 한 번 더 생각할 수 있도록 하였다.

예담은 역자가 새로 만든 것이 아니라 모두 근거가 있는 이야기라는 점에서 더욱 그 가치가 있다고 할 수 있겠다.

여기서 계선편(繼善篇)에 나오는 예담 한 편을 살펴보자.

조선시대 선조 때 정협(鄭協)이란 사람은 어린 나이에 장가를 들어 새로 지은 옷을 입고 친구들과 함께 서원에 다녀오게 되었다. 돌아오는 길에 길가에 떨고 있는 거지를 보자 자기의 새 두루마기를 그 거지에게 입히고 집에서 심부름하는 아이를 시켜 그 거지를 집으로 데려가 하룻밤 쉬어 가게 하였다. 정협의 집에서 머물게 된 날 이후부터 이 거지는 주인에게 매우 충성스러울 뿐만 아니라 힘 또한 장사였다.

임진왜란 때 왜적을 피해 나루를 건너 피난을 가게 되었다. 나룻배는 한 척뿐인데 건너갈 사람은 수백 명이어서 도저히 건너갈 수가 없었다. 그 나룻가에 있던 사람들 모두가 허둥지둥 그 배에 탔으나 강 중류에 이르자 배가 뒤집혀 배에 타고 있던 사람들이 모두 죽었다. 하지만 정협의 가족만은 그가 길러 준 거지 아이가 얕은 여울을 찾아 가족들을 업고 건넌 덕분에 무사히 살아남을 수 있었다.

세상 사람들은 이 이야기를 듣고 정협이 어릴 적에 베푼 착한 행실에 대한 '인과'라고 일컬었다. 착한 일을 하면 언젠가는 그 보답으로 복을 받고 악한 일을 하면 이와 반대로 자손의 대에 가서라도 반드시 화를 입는다는 사실은 비단 정협에게만 해당되는 일은 아닐 것이다.

이와 같이 사람은 누구나 착한 일을 하면 하늘에서 복을 주고 악한 일을 하면 하늘이 재앙을 내린다는 것은 동서고금에 변치 않는 이치라는 것을 다시 한 번 강조하고 있다.

5. 의의

몇백 년의 세월이 지난 지금의 시각으로 〈명심보감〉을 읽다 보면 고루하거나 현실과 맞지 않는다고 생각할 수도 있을 것이다. 그러나 공자를 비롯한 성현들의 금언은 오늘날에도 적용될 수 있을 만큼 보편적이고 유용하다.

20편에 담긴 각기 다른 글귀들은 일상생활 속에서 자신이 직접 경험하거나 아니면 다른 사람이 경험할 수 있는 내용들로 그 안에 평범한 진리이자 삶의 지혜를 터득할 수 있다. 또한 여러 글귀를 통해 현재의 자기 자신을 반성하는 계기를 마련해 주기도 한다.

그러므로 〈명심보감〉은 제목에서처럼 마음을 밝혀 주는 보물 같은 교훈을 전해주는 책이라고 할 수 있다.

[차례]

명심보감

계선편

明心寶鑑

繼善篇

공자(孔子)가 말하기를,

"착한 일을 한 사람에게는 하늘이 복을 주고, 악한 일을 한 사람에게
는 하늘이 재화를 준다."

하였다.

[원문]

子曰 爲善者는 天이 報之以福하고 爲不善者는 天이 報之以禍니라.

　　繼 이을 계　　善 착할 선　　報 갚을 보　　福 복 복　　禍 재화 화

[주석]

공자(孔子) 이름은 구(丘), 자(字)는 중니(仲尼). 중국 주(周)나라 영왕(靈王) 21년인
기원전 551년 노(魯)나라 창평향(昌平鄕)에서 태어났다. 세계 삼성(三聖)의 한 사람
으로 유학(儒學)의 교조. 3천 명의 문하생을 교육시켰고 〈시경(詩經)〉·〈서경(書經)〉

에서 불필요한 부분을 빼고 기술하였다. 그의 언행을 기록한 〈논어(論語)〉가 있다.

[예 담]

조선 선조(宣祖) 때 정협(鄭協)이란 사람이 있었다. 그는 어려서 장가를 들어 새로 지은 옷을 입고 친구들과 함께 운곡서원(雲谷書院)에 다녀오게 되었다. 돌아오는 길에 그는 길가에 떨고 있는 거지를 발견하고 자신의 새 두루마기를 벗어 거지에게 입히고 집안의 심부름하는 아이를 시켜 그 거지를 데려다 집에서 키우게 했다.

이 아이는 크면서 주인에게 매우 충성스러웠고 또한 힘이 장사였다. 때마침 임진왜란 때 왜적을 피해 나루를 건너 피난가게 되었다. 나룻배는 한 척뿐인데 건너갈 사람은 수백 명이어서 도저히 건너갈 수가 없었다. 모든 사람들은 허둥지둥 그 배에 탔고 강의 중간 부분에 이르자 마침내 배가 뒤집혀 모두 죽었는데 유독 정협의 가족만은 그가 길러 준 거지 아이가 얕은 여울목을 찾아 업고 건너서 무사히 임진왜란을 피할 수 있었다.

세상 사람들은 이를 보고 정협이 어렸을 때 베푼 착한 행실의 인과라고 일컬었다.

착한 일을 하면 언젠가는 그 보답으로 복을 받게 되고 악한 일을 하면 이와 반대로 자손의 대에 가서라도 반드시 화를 받는다는 것은 비단 정협에게만 해당되는 이야기만은 아니다.

중국 한(漢)나라 소열제(昭烈帝)가 죽음에 임하여 아들인 후주(後主) 선(禪)에게 조서(詔書)를 내려 말하기를,

"악한 일은 아무리 작은 일이라도 하지 말고, 착한 일은 아무리 작은 일이라도 하지 않아서는 안 된다."
하였다.

[원문]
漢昭烈이 將終에 勅後主曰 勿以惡小而爲之하고 勿以善小而不爲하라.

漢 한나라 한	昭 밝을 소	烈 매울 렬	將 장차 장, 장수 장
終 마칠 종	勅 경계할 칙	勿 말 물	惡 악할 악 而 말 이을 이

[주석]
한(漢) 중국 왕조의 이름. 전한(前漢)의 시조는 유방(劉邦)으로 항우(項羽)와 함께 진(秦)을 쳐서 멸망시키고 뒤에 또 항우를 쳐서 천하를 통일함. 여기에서 말한 한(漢)은 삼국시대의 촉한(蜀漢)을 말한다.
소열제(昭烈帝) 성은 유(劉), 이름은 비(備), 자는 현덕(玄德). 한나라 황제의 친족으로 당시 기울어지는 왕조를 다시 회복하려 하였으나 그 나라가 위(魏)의 조비(曹丕)에게 망하게 되자 촉에서 스스로 황제의 자리에 올라 한 나라 계통을 계승하고 위·오(吳)와 대항했다.
후주(後主) 유비(劉備)의 아들. 이름은 선(禪). 유비의 뒤를 이어 임금이 되었으나 위에 항복하여 나라가 멸망하였다.
조칙(詔勅)·조서(詔書) 임금의 명령을 쓴 글.

장자(莊子)가 말하기를,
"하루라도 착한 일을 생각하지 않으면 모든 악한 마음이 저절로 싹터 일어난다."
하였다.

莊子曰 一日不念善이면 諸惡이 皆自起니라.

   莊 씩씩할 장   念 생각 념   諸 모든 제   起 일어날 기

[주석]
장자(莊子) 이름은 주(周). 중국 전국시대(戰國時代) 송(宋)나라 사람으로 노자(老子)의 도(道)를 펴서 도가(道家)의 기초를 이룩함. 그의 글을 〈남화경(南華經)〉이라고도 하는데, 이것은 그의 호를 남화진인(南華眞人)이라 불렀기 때문이다.

강태공(姜太公)이 말하기를,

"착한 것을 보거든 마치 목마른 사람이 물을 본 것처럼 주저하지 말고 행하고, 악한 말을 듣거든 마치 귀먹은 것처럼 못들은 체하라."

또 말하기를,

"착한 일은 탐내서 자기가 행하도록 하고, 악한 일은 절대로 즐겨 하지 말라."

하였다.

[원문]
太公이 曰 見善如渴하고 聞惡如聾하라. 又曰 善事는 須貪하고 惡事는 莫樂하라.

   渴 목마를 갈   聾 귀먹을 롱   須 모름지기 수   貪 탐할 탐   樂 즐거울 락

[주석]
태공(太公) 성은 강(姜), 이름은 여상(呂尙). 주나라 무왕(武王)을 도와 은(殷)나라 주왕(紂王)을 멸망시켰다.

프랑스의 한 포도원에서 일하는 일꾼에게는 마리라는 딸이 있었다. 마리는 부지런하고 마음씨가 고운 소녀였다. 마리의 나이 열 살이 되던 해의 얘기다.

마리는 기쁨에 들뜬 마음으로 시장을 향해 걸어가고 있었다. 축제 때 입을 옷을 사러 가는 길이었다. 마리의 손에는 평소에 아버지와 같이 포도원에서 일해 번 돈이 꼭 쥐어져 있었다. 콧노래를 부르며 뵈즐 마을을 지날 때, 길바닥에 주저앉아 울고 있는 한 할아버지가 마리의 눈에 띄었다.

마리는 그 할아버지에게 다가가서,

"할아버지! 왜 이렇게 울고 계세요?"

하고 상냥하게 물었다.

그 할아버지는 자식이 없어 의지할 데가 없는 데다 이제 늙어서 돈도 벌 수가 없어 눈물만 흘린다고 했다. 더구나 하루 온종일 굶었다는 것이었다.

마음 착한 마리의 눈엔 금방 눈물이 괴며 꼭 움켜쥐었던 돈을 할아버지에게 내밀었다.

"할아버지! 이걸 받으세요. 그리고 기운을 내세요."

마리는 할아버지가 고맙다는 말을 할 사이도 없이 되돌아서서 걸어갔다. 축제일과 새 옷이 머리에 떠올랐으나 조금도 후회하는 기색 없이 오히려 발걸음은 더 가벼웠다. 한창 뛰어 놀기에만 정신이 없을 나이에 이러한 착한 마음을 베푼다는 것은 그리 쉬운 일이 아닐 것이다. 더구나 자기 손으로 벌어 푼푼이 모은 돈을 말이다.

"착한 일을 보거든 마치 목마른 사람이 물을 본 듯이 반겨 행하라!"

마리야말로 이런 교훈을 배울 틈도 없는 어린아이로서 이런 착한 일을 행하는 것은 더 말할 수 없이 갸륵한 일이다.

마원(馬援)이 말하기를,
"한평생 착한 일을 행한다 하더라도 착한 일은 오히려 부족하고, 하루 동안 악한 일을 행한다 하더라도 악한 일은 스스로 남아 있는 것이다."
하였다.

[원문]
馬援이 曰 終身行善이라도 善猶不足이요 一日行惡이라도 惡自有餘니라.
　援 구원할 원　　猶 오히려 유　　餘 남을 여

[주석]
마원(馬援) 후한(後漢) 사람으로 광무제(光武帝)를 도운 유명한 장수.

사마온공(司馬溫公)이 말하기를,
"돈을 모아서 자손에게 남겨 준다고 해도 그 자손이 반드시 이 재산을 지키지 못할 것이요, 책을 모아서 자손에게 남겨 준다고 해도 그 자손들이 반드시 다 읽지 못할 것이니, 차라리 남 모르는 동안에 음덕을 쌓아 두어서 이것으로 자손을 위하는 계책을 세우느니만 못하다."
하였다.

司馬溫公이 曰 積金以遺子孫이라도 未必子孫이 能盡守요 積書以遺子孫이
라도 未必子孫이 能盡讀이니 不如積陰德於冥冥之中하여 以爲子孫計니라.

司 맡을 사　　積 쌓을 적　　遺 남길 유　　盡 다할 진　　冥 어두울 명

[주석]

사마온공(司馬溫公) 이름은 광(光), 자는 군실(君實), 온공(溫公)은 그의 시호(諡號).
중국 북송(北宋) 때의 유명한 학자이자 정치가. 〈자치통감(資治通鑑)〉을 지었다.

[예담]

양녕대군(讓寧大君)은 태종의 아들로서 태종의 뒤를 이을 세자로 책봉되
었다. 그러나 태종은 양녕보다도 충녕에게 더 뜻을 두었다. 이러한 사실을
알게 된 양녕대군은 아우 충녕대군을 위해 세자의 자리를 양보하기로 결심
했다. 아버지의 뜻을 받드는 것이 자식된 도리요, 또 아우 충녕대군은 인물
이 영특하여 가히 백성을 다스릴 기틀이 있음을 간파한 까닭이었다.

그러나 아무리 아버지의 뜻이요 아우의 사람됨을 인정하더라도, 세자의
자리는 바로 다음의 왕위를 계승할 자리인 만큼 인간이면 누구나 미련이
없을리 없으련만 양녕대군은 기꺼이 자리를 내주고자 거짓으로 미친 척까
지 하였다.

이렇게 해서 결국 태종은 세자 양녕이 덕망을 잃었다는 이유로 폐하고 충
녕을 맞아 새로 세자에 책봉하니, 이분이 바로 저 유명한 세종대왕이다.

덕망을 잃었다는 이유로 양녕대군이 폐세자가 되긴 하였지만, 그의 심경
을 알 만한 사람은 다 알았다. 세자의 자리를 충녕에게 물려준 뒤 일생을
풍류를 즐기며 살았지만 한 번도 남에게 악한 짓을 한 일이 없으며 항상 너
그러운 몸가짐을 잊지 않았기 때문이다.

그러나 양녕대군 자신이 풍류로 일생을 보내며 생활이 넉넉할 리 없었던 것은 말할 것도 없고, 그의 후손 이지광(李趾光)에 이르러서는 끼니를 걱정할 정도까지 이르렀다.

하루는 스님이 동냥을 왔으나 무엇 하나 줄 만한 것이 있을 리 없는 이지광은 하는 수 없이 자기가 먹고 있던 죽을 권하였다.

주인의 형편과 마음씨를 헤아린 스님은 감사한 마음으로 죽 대접을 받은 후,

"정에 넘친 주인장의 대접을 받은 조그마한 보답으로 운수나 봐 드리리다. 저 사당 앞에 나무가 울창하게 서 있는데 그 나무들을 모두 베어 버리는 것이 좋겠습니다. 그렇게 해서 앞이 훤하게 트이도록 하면 운수 또한 훤히 트일 것입니다."

이지광은 그 스님으로부터 어떤 위엄 같은 것을 느꼈으므로 그의 말대로 사당 앞의 나무들을 전부 베었다. 그리고는 이틀 뒤의 일이었다. 당시의 임금 영조(英祖)께서 왕릉에 성묘차 그 근처를 지나다가 다 쓰러져 가는 양녕대군의 사당을 바라보고,

"저기 다 쓰러져 가는 사당은 누구의 사당이냐?"

하고 물었다. 신하가 양녕대군의 사당임을 아뢰자 왕은 그 자손을 불러 오도록 명하였다.

사당 앞의 나무를 베어 버렸기 때문에 이것이 왕의 눈에 띄었고, 이로 인해 이지광은 영조 앞에 불려 나가게 되었다. 이지광을 본 영조는 또 한 번 놀라지 않을 수 없었다. 행색이 너무나 초라하고 궁한 기색이 가득 차 있었기 때문이다. 왕은 다정하게 미소를 지으며,

"양녕대군께서 만일 세자의 자리를 사양하시지 않았다면 지금은 나와

그대의 처지가 바뀌었을지도 모르는 일이 아니겠는가?"

하고는 즉시 아산 현감(牙山縣監)에 임명하였다.

이렇게 해서 이지광은 조상의 유덕으로 여생을 행복하게 지낼 수 있었으
니 이것은 양녕대군의 음덕이 명명한 속에서도 복을 지시한 것이며, 또한
이지광이 지나가는 스님에게 베푼 덕행의 보답이 아니겠는가.

〈경행록(景行錄)〉에 이르기를,

"은혜와 의리를 넓게 베풀 것이다. 인생이란 어디서든지 서로 만나
지 않으랴. 원수와 원한을 맺지 말 것이다. 외나무다리, 좁은 길에서
만나게 되면 회피하기 어려운 것이다."

하였다.

[원문]
景行錄에 云 恩義를 廣施하라. 人生何處에 不相逢가. 讐怨을 莫結하라. 路
逢狹處에 難回避니라.

景 볕 경	恩 은혜 은	施 베풀 시	逢 만날 봉	讐 원수 수
怨 원망할 원	狹 좁을 협	避 피할 피		

[주석]
경행록(景行錄) 책 이름. 중국 송나라 때 저술.

[예담]
신릉군(信陵君)은 중국 위나라 소왕(昭王)의 막내아들로 당시의 위왕과는
이복형제 사이였다.

왕족이라는 신분 하나만 가지고도 얼마든지 권세를 누릴 수 있는 것이 그때의 사회상이었지만 신릉군은 나면서부터 천성이 겸손하여 백성을 사랑하고 어진 사람을 존대하며 불쌍한 사람을 돕는 정신이 뛰어나 뭇 사람들로부터 많은 존경을 받았다.

그는 또 어진 사람을 보면 신분의 높고 낮음에 상관없이 직업의 종류를 가리지 않고 머리 숙여 존경함을 잊지 않고 가르침을 구하였다.

이때 같은 위나라 수도에서 수문관으로 일하던 후영(侯嬴)이란 사람이 있었는데 집은 비록 가난하여 생활이 말이 아니나 성품이 곧고 의협심이 강하여 많은 사람들이 우러러 받든다는 소문이 퍼져 마침내는 신릉군의 귀에까지 들어오게 되었다.

이러한 소문을 듣고 가만히 있을 신릉군이 물론 아니었다. 그는 즉시 후영을 찾아가 절하여 뵙고 가르침 받기를 청하였다. 그러나 듣던 소문과는 딴판으로 신릉군을 대하는 후영의 태도는 오만하고 무례하기 짝이 없었다. 신릉군 주위 사람들은 이러한 후영의 태도를 못마땅히 생각하였으나 신릉군은 조금도 개의치 않고 그를 청하여 상좌에 앉히고 정성껏 대접하였다. 그럴수록 후영의 태도는 점점 더 불손해졌으며 그가 추천한 주해(朱亥)란 사람 역시 장거리에서 힘깨나 쓰는 백정으로 예의 범절을 모르는 무지막지한 무뢰한같이 보였으나 신릉군은 이에 상관없이 그들을 모두 극진히 대접하는 것이었다.

이를 본 많은 사람들은 후영·주해 두 사람을 욕함은 물론 사람 보는 눈이 어두운 신릉군을 비웃기까지 하였으나 신릉군은 주위 사람들의 힐책에 아랑곳도 하지 않았다.

이때 신릉군의 매부요 조(趙)나라의 정승인 평원군(平原君)이 보낸 사람이 급히 달려와 그의 편지를 신릉군에게 전했다. 진(秦)나라의 많은 군사가 조나라를 에워싸고 공격하여 조나라와 매부·누이의 위급함이 경각에 달렸으니 급히 구원병을 보내 구해 달라는 내용의 글이었다.

신릉군은 몸이 달아 급히 왕에게 아뢰어 조나라를 구해 줄 것을 역설하였으나 위나라 왕의 태도는 냉담하였다. 섣불리 움직였다가는 위나라마저 위태로울지도 모른다는 이유를 내세워 신릉군의 말을 묵살해 버렸다.

평원군에게서는 잇달아 사태의 위급함을 알리고 구원병을 한시라도 빨리 보내 줄 것을 독촉하는 글이 날아오고 나중에는 신릉군의 신의 없음을 꾸짖는 글까지 보내는 것이었다.

의리를 생명보다도 중하게 여기는 신릉군은 평원군과의 평소 교분이나 남매간의 정을 생각할 때 그대로 가만히만 있을 수는 없었다. 생각다 못한 그는 혼자서라도 조나라에 들어가서 평원군과 생사를 같이하기로 결심하고 길을 떠나려 하였다.

이때 후영이 조용히 입을 열어 신릉군에게 묘책을 알려 주는 것이었다.

"공자(公子)께서 혼자서 조나라에 가신다는 것은 죽음을 자초하는 것밖에 되지 않으니 좋은 방법은 위나라 왕의 병부(兵符)를 훔쳐 내어 지금 군대를 거느리고 있는 진비(晉鄙)를 속여 병권을 빼앗아서 조나라를 구하는 길밖에 없으리라 생각합니다. 그리고 위왕의 침소에 자유로이 출입할 수 있는 사람은 위왕의 총애를 받고 있는 여희(如姬)라는 여인 하나뿐으로, 여희로 말하자면 전에 그 부친이 억울하게 남에게 맞아 죽었을 때 공자께서 그 범인을 잡아 원수를 갚아 주신 일에 대해 공자의 은혜를 잊지 않고 있는 여자이오니 그에게 부탁하면 일이 잘 될 줄로 압니다. 그리고 진비에게 가실 때 혹 진비가 말을 선뜻 들으려 하지 않을지도 모르니 주해를 데리고 가시면 쓸 곳이 있을 것입니다."

이 같은 후영의 계교를 들은 신릉군은 그 길로 궁궐에 들어가 조용히 여회를 만나 이야기를 하자 여회는 꿈에도 잊지 못하는 부친의 원수를 갚아준 은인을 만났다는 사실에 눈물을 흘리며 기꺼이 청을 들어주었다. 그리고 후영의 말대로 선뜻 응하지 않는 진비를 기골이 장대한 주해가 나서자 마침내 신릉군은 진비의 군사를 이끌고 진나라 군사를 쳐 조나라를 구하고 큰 공을 세우게 되었다.

이것은 모두 그가 전일에 베풀었던 여회, 후영, 주해 등에 대한 은혜를 보답받은 것임은 물론 오늘날까지도 그가 끼친 음덕이 헛되지 않았음을 말하고 있다.

장자가 말하기를,

"내게 착하게 하는 사람에게도 나는 착하게 대할 것이요 내게 악하게 하는 사람에게도 나는 또한 착하게 대해야 한다. 지난날에 남에게 악한 일을 하지 않았으면 다른 사람도 나에게 악한 일을 하지 않을 것이다"

하였다.

[원문]
莊子曰 於我善者라도 我亦善之하고 於我惡者라도 我亦善之니라. 我旣於人에 無惡이면 人能於我에 無惡哉인저.

旣 이미 기   哉 어조사 재

동악성제(東岳聖帝)가 내린 훈계에 말하기를,

"하루 착한 일을 행했다고 해서 비록 바로 복이 오는 것은 아니지만 화는 저절로 멀어지는 것이요, 하루 악한 일을 행했다고 해서 비록 바로 화가 오는 것은 아니지만 복은 저절로 멀어지는 것이다. 착한 일을 행하는 사람은 마치 봄 동산의 풀이 그 자라나는 것은 보이지 않아도 날마다 키가 크는 것과 같고, 악한 일을 행하는 사람은 마치 칼을 가는 숫돌이 바로 갈려 닳아 없어지는 것은 보이지 않더라도 날이 갈수록 이지러지고 적어지는 것과 마찬가지이다."

하였다.

[원문]

東岳聖帝 垂訓에 曰 一日行善이면 福雖未至나 禍自遠矣요 一日行惡이면 禍雖未至나 福自遠矣니라. 行善之人은 如春園之草하야 不見其長이나 日有所增이오 行惡之人은 如磨刀之石하여 不見其損이나 日有所虧니라.

岳 뫼 악   垂 드릴 수   訓 가르칠 훈   雖 비록 수   園 동산 원
增 더할 증   磨 갈 마   虧 이지러질 휴

[주석]

동악성제(東岳聖帝) 도가(道家)에서 존경하는 신(神)의 이름.

공자가 말하기를,

"착한 일을 보거든 마치 자기가 따라가도 다 행하지 못할 것처럼

서둘러서 행하고, 악한 일을 보거든 마치 끓는 물을 만지는 것처럼 멀리 피하라."

하였다.

[원문]

子曰 見善如不及하고 見不善如探湯하라.

  及 미칠 급   探 더듬을 탐

[총론]

이 계선편(繼善篇)에서는 착한 사람에게는 복을 주고 악한 사람에게는 화를 준다(福善禍淫)는 굳은 신념에서 착한 일 하기를 권장하는 옛날의 아름다운 말들을 모아서 수록했다.

"착한 일을 계속해서 하라(繼善)." 이것은 이 책 전편에 흐르는 주된 뜻이기도 하지만 계선편에서는 이것을 더욱 강조했다.

"착한 일을 하는 자에게 복을 준다."

"착한 일은 아무리 작은 일이라도 해야 한다."

"하루라도 착한 일을 하지 않아서는 안 된다."

"목마른 사람이 물을 찾듯이 착한 일을 보거든 이것을 행하라."

"내게 잘하는 사람에게나 내게 잘못하는 사람에게나 나는 착하게 하라."

이렇게 몇 번이고 되풀이해서 착한 일을 권한 것이 계선편으로 이 편 역시 이 책의 전체적인 줄거리이다.

천명편 天命篇 明心寶鑑

공자가 말하기를,

"하늘 이치를 순종하는 사람은 살고, 하늘 이치를 거스르는 사람은

망한다."

하였다.

[원문]

子曰 順天者는 存하고 逆天者는 亡이니라.

　順 순할 순　　逆 거스릴 역

소강절(邵康節) 선생이 말하기를,

"하늘의 듣는 것이 고요해서 소리도 없이 푸르고 푸를 뿐 어느 곳에 가서 찾을까 하였더니 높지도 않고 멀지도 않은 오직 사람의 마음속에 있구나."
하였다.

[원문]

邵康節先生이 曰 天聽이 寂無音이라 蒼蒼何處尋고 非高亦非遠이라 都只在人心이니라.

邵 높을 소, 성 소   聽 들을 청   寂 고요 적   蒼 푸를 창   尋 찾을 심
都 도읍 도, 모두 도

[주 석]

소강절(邵康節) 이름은 옹(雍), 자는 요부(堯夫), 강절(康節)은 그의 호. 중국 북송 때의 유명한 학자. 상수론(象數論)을 제창하였다.

[예 담]

고려 때 이야기이다.

평장사(平章事) 벼슬로 있는 김영관(金永寬)에게 평량(平亮)이라는 종이 있었다. 그리고 평량의 아내 역시 소감(少監) 벼슬에 있는 왕원지(王元之)의 계집종이었다.

평량은 농사를 지어 집안의 재산이 제법 부유해지자 뇌물을 바치고 온갖 수단을 동원해 종의 신분을 면하여 보통 백성이 되었다. 하지만 자기 아내만은 여전히 왕원지의 종문서에 기록되어 있었기 때문에 이것을 면하려고 항상 기회를 노리고 있었다.

그 후 왕원지가 벼슬에서 떨어져 가세가 많이 기울게 되자, 평량은 왕원지에게 많은 돈을 주면서 시골로 내려가 살라고 은근히 전했다. 왕원지는 영문도 모르고 행장을 꾸려 길을 떠났다. 그러나 평량은 산길에 미리 숨어

있다가 왕원지의 가족을 몰살시켰다. 자기 아내의 종문서를 없애기 위하여 문서의 임자들을 몰살시킨 것이다. 결국 주인 없는 종이 있을 리 없게 되자 평량의 아내는 흐지부지 종의 신분을 면하게 되었다. 그 뒤로 평량은 더욱 많은 재산을 모아 두 아들에게 돈으로 벼슬을 사 주었고, 심지어는 양반집 딸을 며느리로 맞아들이기에 이르렀다. 평량 내외로서는 더할 수 없는 행복한 나날을 보내고 있었던 것이다.

그러나 불순한 방법으로 얻은 지위나 행복은 오래가지 못한다. 우연한 일이 단서가 되어 이 일은 곧 탄로나게 되었고 어사대(御史臺)의 규탄을 받게 되었다. 결국 평량 내외는 사형에 처해졌고 두 아들은 벼슬자리에서 내쫓겨 절도(絶島)로 귀양을 가게 되었다.

종의 신분을 벗어나고자 한 것은 좋았지만 한 가족을 몰살시키는 참혹한 죄상을 저지르고서야 어찌 하늘이 무심할 수 있으랴. 하늘은 귀가 없어 듣지 못할는지 모르지만 결코 악한 자에게 복을 주지는 않는 법이다.

현제(玄帝)가 내린 훈계에 말하기를,
"사람들끼리 사사로이 하는 말이라도 하늘이 들을 때는 천둥소리처럼 크게 들리고 어두운 방 안에서 제 마음을 속이는 일이라도 귀신의 눈으로 볼 때는 번개와도 같이 밝게 보이는 것이다."
하였다.

[원문]
玄帝 垂訓에 曰 人間私語라도 天聽은 若雷하고 暗室欺心이라도 神目은 如

電이니라.

雷 우뢰 뢰   欺 속일 기

[주 석]
현제(玄帝) 도가에서 받드는 신.

〈익지서(益智書)〉에 이르기를,
"나쁜 마음이 하늘에 가득히 차면 하늘이 반드시 벤다."
하였다.

[원문]
益智書에 云 惡罐이 若滿이면 天必誅之니라.

罐 두레박 관   誅 벨 주

[주 석]
익지서(益智書) 송나라 때 지은 교양 서적.

장자가 말하기를,
"만일 사람이 착하지 못한 일을 하고서도 이름을 세상에 나타낸 자
는 다른 사람이 그를 해하지 않더라도 하늘이 반드시 죽인다."
하였다.

莊子曰 若人作不善하야 得顯名者는 人雖不害나 天必戮之니라.

顯 나타날 현   戮 죽일 륙

"오이를 심은 데에서는 오이가 날 것이요, 콩을 심은 데에서는 콩이
날 것이니, 하늘이 넓고 넓어서 엉성한 듯하지만 결코 죄진 사람이
빠져 나가지는 못한다."
하였다.

[원문]

種瓜得瓜요 種豆得豆니 天網이 恢恢하야 疎而不漏니라.

種 심을 종   瓜 오이 과   網 그물 망   恢 클 회, 넓을 회   疎 성길 소
漏 샐 루

[예담]

고려 때 이행검(李行儉)은 전법사(典法司)의 벼슬을 지냈다. 성미가 곧아
서 그는 그릇된 일은 절대로 용납하지 않았다. 당시 정화원비(貞和院妃)는
임금에게 사랑받고 있는 것을 기회로 갖은 방자와 무례한 짓을 많이 했다.
죄 없는 사람을 함부로 때리고 백성들을 잡아다 노비로 만들기 일쑤였다.
그러던 중에 피해를 입은 백성 하나가 전법사에게 호소했다.

"이런 억울한 일을 당했으니 이것을 바로잡아 주십시오."

그러나 전법사의 판서(判書)로 있는 김서(金㥠) 등은 정화원비의 세력을
무서워할 뿐 아니라, 그에게 잘 보이는 것만이 유일한 출세의 길이라 생각

하며 법을 무시하고 그 백성을 노비로 단정시키고 소장을 기각했다.

여기에 반기를 든 것이 이행검이었다.

"할 수 없는 일이오. 어찌 법을 어길 수가 있단 말이오? 권도(權道)로 법을 어기는 것은 있을 수 없는 일이오."

하고 끝까지 법대로 처리할 것을 주장했기 때문에 이 사건은 결말이 나지 못했다. 이런 일이 있은 지 며칠 안 되어 이행검이 병으로 자리에 눕게 되자, 반대파의 김서 등은 "옳다 이 기회에 이 일을 처리하자" 하여 마침내 부랴부랴 사건은 처리되고 말았다.

그러나 일은 여기에서 그치지 않았다. 법을 어기면서 일을 거꾸로 처리한 김서는, 그날 밤 하늘에서 큰칼이 내려와 전법사의 관리들의 목을 베는 꿈을 꾸었다. 이튿날 등창이 나기 시작하더니 며칠 만에 죽고 그의 동료들도 모두 병이 들어 죽었는데 오직 이행검만이 화를 면하고 벼슬을 계속할 수 있었다.

법을 어기는 자, 곧 하늘을 어기고 하늘에 죄를 지은 자는 살 길이 없다. 사람이 그를 죽이지 않더라도 하늘이 반드시 벌을 주는 것이다.

공자가 말하기를,

"악한 일을 해서 죄를 하늘에 지게 되면 빌 곳이 없다."

하였다.

[원문]

子曰 獲罪於天이면 無所禱也니라.

　獲 얻을 획　　罪 허물 죄　　禱 빌 도

[총론]

이 천명편(天命篇)에서는 앞의 계선편에 이어서 착한 일을 해야 잘된다는 주장을 더욱 강조했고 또 천도(天道)의 엄연함을 증명하는 훌륭한 말들을 수록했다.

"하늘이란 과연 있는가? 천도란 과연 존재하는 것인가?"

이런 것은 따질 것이 아니다.

우리가 남의 악한 행동을 듣고 얼핏 입버릇처럼,

"그 사람 하늘이 무섭지 않은가?" 하는 말은 곧 하늘이 있고 없고 간에 나쁜 짓을 하면 하늘이 벌을 내린다는 생각을 항상 하고 있기 때문에 무심결에라도,

"나쁜 짓을 하지 말아야 한다"는 아름다운 습성을 나타내는 것이다.

어렸을 적에 몹시 심한 천둥소리를 들으면 가슴이 두근거리면서,

"나는 나쁜 짓을 한 일이 없는데!"

하고 생각하던 그 순진한 마음, 이것이 곧 사람마다 자기 마음속에 지니고 있는 양심, 선심, 곧 천도가 아니겠는가?

공자가 말하기를,

"죽고 사는 것은 운명에 있고, 부자가 되고 귀하게 되는 것은 하늘에

있다."

하였다.

[원문]

子曰 死生은 有命이요 富貴는 在天이니라.

富 부자 부   貴 귀할 귀

[예담]

황희(黃喜)라면 조선 세종 때의 명신이요, 훌륭한 정치가이며 청렴결백

하기로 이름이 높던 사람이다. 비록 한 나라의 재상이지만 재물을 탐함이

없는 사람이어서 한평생을 청백리로 지내 살림이 말할 수 없이 궁핍하였다. 재상의 집인 만큼 사람들의 왕래도 빈번하였으므로 황희의 생활이 몹시 어렵다는 소문은 꼬리에 꼬리를 물고 퍼져 마침내는 세종의 귀에까지 들어가게 되었다.

본래부터 황희의 청렴함을 누구보다도 잘 알고 있던 세종이었지만 궁핍함의 정도가 그토록 지나친 줄은 미처 몰랐었다. 가까운 신하를 조용히 불러 황희의 생활 내막을 자세히 알아본 왕은 자기가 아끼는 신하를 더 이상 곤궁한 생활 속에 그대로 둘 수가 없다고 생각하여 그를 재정적으로 돕기로 결정하였다.

왕은 어느 날 황희를 불러 새벽에 남대문이 열릴 때부터 저녁에 닫을 때까지 이 문으로 드나드는 물건을 모두 사서 주겠다는 명을 내렸다.

그러나 이상하게도 전날까지만 해도 멀쩡하던 날씨가 갑자기 흐려지더니 하루 종일 계속해서 비가 퍼부어 물건을 팔러 들어오는 장사치를 하나도 발견할 수가 없었다. 하는 수 없이 어두워 집에 돌아가려고 할 즈음에 신하는 계란 꾸러미를 가지고 지나가는 한 시골 노인을 만났다.

이것이나마 황희에게 전해 주라는 소임을 맡은 신하가 즉시 그 계란을 사서 왕의 명대로 그에게 보내 주었다. 그러나 저녁 늦게 어렵게 구한 계란마저도 모두 곯아서 먹을 수 있는 것이 하나도 없었다.

늙은 정승 황희는,

"재물은 나의 것이 아니다."

하고 조금도 서운해하는 빛이 없었다.

그렇다. 인간이 죽고 사는 것은 모두 운명에 있고 부자가 되고 귀하게 하는 것은 하늘에 달려 있는 것이다. 그렇다고 운명에만 맡기고 노력하지 말라는 것은 아니다. 사람으로서 노력은 힘껏 하고 나서 다음으로 운명과 하늘을 믿으라는 것이다.

"모든 일에 분수가 이미 정해졌는데 세상 사람들은 쓸데없이 바쁘게 군다."
하였다.

[원문]
萬事 分已定이어늘 浮生이 空自忙이니라
　　浮 뜰 부　　　忙 바쁠 망

[예담]
옛날 변방 지역에 살던 한 노인이 기르던 말이 하룻밤 동안에 멀리 달아나 버렸다. 이 사실을 알게 된 동네 사람들은 노인에게 아끼던 말이 달아났으니 얼마나 아까우냐고 위로의 인사를 하였다.

　그러나 노인은 태연하게,

　"이 일로 해서 오히려 복될 일이 일어날지 누가 압니까? 아까워할 까닭이 무엇이 있겠습니까?"

　하고 말하였다.

　과연 며칠 지나지 않아 달아났던 노인의 말이 다른 준마(駿馬) 한 필을 데리고 집으로 돌아왔다. 이번에도 동네 사람들이 모두 몰려와 없어졌던 말과 함께 또 새 말까지 생긴 것에 축하의 인사를 하였다. 그러나 노인은 또 얼굴에 기쁜 빛이 없이,

"이게 또 무슨 화가 될 징조나 아닌지 누가 압니까? 그리 기쁠 것도 없습니다."

라고 말했다.

이런 일이 있고 얼마 지나지 않아 그 노인의 아들이 새로 온 준마를 타다가 떨어져 그만 장애인이 되었다. 동네 사람들은 모두 몰려와 노인을 진심으로 위로하였으나 이번에도 역시 담담한 표정으로,

"글쎄요. 자식놈이 다리를 다쳤으니 마음이 아프지 않을 수야 없지만 이것이 혹 무슨 복이 될는지 모르지요."

하는 것이었다.

그 후 오랑캐들이 국경을 침범하자 몸이 성한 젊은이들은 한 사람도 빠짐없이 전장으로 나가 싸우다가 전세가 불리하여 모두 전사하였으나 노인의 아들은 다리를 다쳐 이런 큰 화를 면했다 한다.

이러한 고사를 세상에서는 새옹지마(塞翁之馬)라 하여, 사람의 운수는 그 재앙과 행복을 미리 알 수 없는 것이며 사람의 힘으로 좌우될 수 없다는 뜻으로 흔히 쓰인다.

〈경행록〉에 이르기를,

"재앙은 요행으로는 면치 못할 것이며, 복은 한 번 받으면 두 번 다시 구할 수 없다."

하였다.

景行錄에 云 禍不可倖免이요 福不可再求니라.

倖 요행 행   免 면할 면

때가 오면 바람이 왕발(王勃)을 등왕각(滕王閣)까지 보내 주어 글을
지어 이름을 높이게 하듯이 일이 잘되게 하고, 운수가 나쁠 때는 벼
락이 천복비(薦福碑)에 떨어져서 이때까지 애쓴 것이 수포로 돌아
간다.

[원문]
時來에 風送滕王閣이요 運退에 雷轟薦福碑라.

滕 나라 이름 등   閣 집 각   雷 우레 뢰   轟 울릴 굉   薦 천거할 천
碑 비석 비

[주석]
왕발(王勃) 중국 당(唐)나라 때 사람으로 유명한 시인.
등왕각(滕王閣) 중국 남창(南昌) 땅에 있던 이름난 누각.
천복비(薦福碑) 중국 강서성(江西省) 천복사(薦福寺)에 있던 비석.

[예담]
중국 당나라 때 남창(南昌) 장강문(章江門) 위에 있는 등왕각에서 천하의
글 잘하는 선비들이 모여 글재주를 자랑할 기회가 왔다. 등왕각의 서문을
지으라는 것이다.
　이 소식을 산신령의 현몽으로 알게 된 나이 어린 선비 왕발은 길이 멀어
서 도저히 제 시간에 참석할 수 없음을 한탄하고 있었다. 그러나 남창에서

배를 타자 뒤에서 불어 주는 순풍이 왕발이 탄 배를 어찌나 빨리 몰아 주었던지 하룻밤 동안에 7백 리 길을 가서 이 글자리에 참석하여 글을 지어 장원한 것이 바로 유명한 등왕각서(滕王閣序)이다. 이로부터 왕발의 이름이 갑자기 천하에 떨치게 되었으니, 때가 왔기에 바람이 불어 주어 왕발을 이 글자리에 보내 성공시킨 것이라고 한다.

천복비는 이북해(李北海)가 비문을 짓고 구양순(歐陽詢)이 글씨를 쓴 유명한 비석이다. 구래공(寇萊公)이란 문객(門客) 한 사람이 몹시 곤궁하게 지내므로 어떤 사람이 그를 보고 말하기를,

"천복비의 비문을 종이에 박아내 주면 그 수고한 공으로 후한 보수를 주겠다"고 했다.

이에 그 문객은 천신만고 끝에 수천 리 길을 가서 내일 아침이면 천복사에 도착할 예정이었으나, 그날 밤 갑자기 벼락이 그 비석을 쳐서 깨뜨려 버렸다. 이리하여 구래공의 문객의 계획은 하룻밤 동안에 수포로 돌아갔다는 이야기이다.

열자(列子)가 말하기를,

"어리석고 귀먹고 고질병이 있고 벙어리라도 집은 호화롭고 부자로 살 수 있으며, 지혜가 있고 총명한 재질을 가진 사람도 도리어 빈궁하게 사는 수가 있다. 이처럼 사람의 모든 일은 생년월일시의 사주팔자에 미리 정해진 것이니 따지면 모두 운명에 있는 것이지 사람의

재능에 있는 것이 아니다."

하였다.

[원문]

列子曰 痴聾痼瘂도 家豪富요 智慧聰明도 却受貧이라 年月日時 該載定하
니 算來에 由命不由人이라.

| 痴 어리석을 치 | 痼 고질고 | 瘂 벙어리 아 | 豪 호걸호 | 慧 지혜 혜 |
| 聰 귀밝을 총 | 却 물리칠 각 | 載 실을 재 | | |

[주석]

열자(列子) 이름은 어구(禦寇), 열자는 존칭. 중국 전국시대 사람으로 그의 저서로 〈열
자(列子)〉 8권이 있다. 그 뒤 당나라 때에 그를 도교적인 칭호로 충허지덕진인(冲虛至
德眞人)이라 부르고 그의 저서를 〈충허진경(冲虛眞經)〉이라고 부른다.

[총론]

순명편(順命篇)은 "죽고 사는 것은 운명에 있고 부하고 귀한 것은 하늘에
있다(生死有命, 富貴在天)"로 시작되어 모든 일은 분수가 이미 정해져 있
으니 하늘에 거역하지 말라고 주장했다.

  사람의 빈궁하고 영달하게 되는 것—궁달(窮達)—은 결국 운명에 달려
있는 동시에 죄를 지어 오는 재앙은 절대로 요행으로 면할 수 없다는 것
이다.

明心寶鑑

〈시경(詩經)〉에 이르기를,

"아버지는 나를 낳으시고, 어머니는 나를 기르셨네. 가엾으신 아버지 어머니여, 나를 낳으시기 애쓰시고 수고하셨네. 그 은덕 갚으려면 높은 하늘처럼 끝이 없네."

하였다.

[원문]

詩에 云 父兮生我하시고 母兮鞠我하시니 哀哀父母여 生我劬勞이시다. 欲報之德인댄 昊天罔極이로다.

兮 어조사 혜   鞠 기를 국   哀 슬플 애   劬 수고할 구   昊 하늘 호
罔 없을 망

[주석]

시경(詩經) 중국에서 가장 오래된 시집으로 오경(五經)의 하나. 처음에는 다만 시라고 일컫다가 송나라 때 이후부터 〈시경〉이라고 부른다. 옛날 임금이 민심을 알기 위하여 각 지방의 가요(歌謠)를 채집시킨 것으로, 원래는 3천 여 편이나 되던 것 중에서 공자가 305편을 뽑았다고 한다. 민요[국풍(國風)]가 반 이상이고 의식(儀式)[小雅·大雅]·제전(祭典)[頌]의 노래도 있다.

[예담]

도씨(都氏) 소년은 집이 몹시 가난했다. 날마다 숯을 지고 장에 가서 팔아 쌀과 고기를 사서 어머니를 정성껏 봉양했다.

어느 날 그는 여느 때와 마찬가지로 장에 가서 숯을 팔아 한 되 양식과 고기 몇 점을 사 가지고 부지런히 집으로 돌아오는데 어두울 무렵 산길에 접어들자 난데없는 솔개가 날아오더니 지게 뒤에 매단 고기 뭉치를 떼어 가지고 날아가 버렸다. 소년은 발버둥치며 울다가 하는 수 없이 그대로 집으로 돌아와 보니 솔개는 그 고기를 하나도 건드리지 않고 그대로 자기 집 뜰에 갖다 놓았다.

어느 날 어머니는 때아닌 감이 먹고 싶다고 했다. 겨울철에 감이 있을 리 없어 소년은 공연히 감나무 밑을 헤맸건만 제철이 아닌 감을 얻을 길이 없었다. 이에 한탄하면서 집으로 돌아오는 길이었다. 날은 어느덧 저물어 앞이 캄캄한데 난데없는 큰 호랑이 한 마리가 앞을 막아서더니 제 등에 업히라는 시늉을 했다. 소년은 하는 수 없이 호랑이 등에 업혀 갈기를 꼭 붙들자 호랑이는 소년을 등에 업은 채 삽시간에 백 리 길을 달려 어느 산촌의 한적한 인가 앞에 내려놓고 들어가 보라는 눈짓을 했다. 놀랍고 신기하게 여긴 소년은 그 집 문을 두드려 하룻밤 쉬어 가기를 청했다.

그런데 그 집은 마침 제삿날이라 조금 후에 제사를 마치고 음복 상이 나오는데 때아닌 홍시가 상에 올라 있었다.

소년은 너무 신기해서 반색을 하고 물었다.

"이 한겨울에 웬 홍시가 있습니까?"

"오늘이 마침 아버지 제삿날인데 평소에 아버님께서 홍시를 좋아하셨기에 해마다 감 200개씩을 굴 속에 넣어 두었다가 꺼내서 제사에 쓰려면 대여섯 개 밖에 성한 것이 남지 않더니 이번에는 웬일인지 성한 것이 50개가넘으니 참 이상한 일이로군요."

하고 주인은 사뭇 신기한 듯이 말했다.

그러나 더욱 이상히 여긴 것은 도씨 소년이었다. 소년은 자기 어머니가때아닌 홍시를 찾기에 부질없이 감나무 밑을 헤매다가 날이 저물었는데,호랑이가 나타나서 여기까지 태워다 주었다는 얘기를 대강하고는,

"어려운 부탁인 줄 알지만 홍시 몇 개만 저를 주시면 갖다가 어머님께 드리겠습니다."

하는 것이었다. 주인도 마음속으로 기특히 여겨,

"이것은 틀림없이 하늘이 그대의 효성에 감동해서 호랑이를 시켜 내 집까지 데리고 온 것이 분명합니다."

하고 서슴지 않고 홍시 20개를 싸 주자 소년은 주인에게 감사하다는 인사를 하고 밖으로 나섰다. 그러나 웬일일까? 소년이 타고 온 호랑이는 그때까지 그를 밖에서 기다리고 있다가 주인을 만난 개 모양으로 꼬리를 치고 등을 내밀어 역시 업히기를 청한다.

이리하여 소년은 홍시 20개를 가지고 집에 도착해 어머니께 드리니 어느덧 새벽닭이 울더라는 이야기이다. 지성이면 하늘도 감동시킨다는 말은이런 데에 해당되는 말이 아닐까?

공자가 말하기를,

"효자가 부모를 섬기는 데는 함께 살 때는 공경을 다하고, 봉양하는 데는 부모의 마음을 즐겁게 해 주고, 병이 들었을 때에는 지극히 조심하는 마음을 다하고, 부모가 죽었을 때에는 슬픔을 다하고, 제사 지낼 때에는 그 엄숙한 마음을 다할 것이다."

하였다.

[원문]

子曰 孝子之事親也에 居則致其敬하고 養則致其樂하고 疾則致其憂하고 喪則致其哀하고 祭則致其嚴이니라.

　　　敬 공경 경　　　憂 근심 우　　　喪 상사 상　　　祭 제사 제　　　嚴 엄할 엄

[예담]

조선 중종(中宗)의 아내 장경왕후(章敬王后)는 세자 인종(仁宗)을 낳은 지 7일 만에 별세했다. 그리하여 인종은 계모 문정왕후(文貞王后)의 슬하에서 자라났다. 문정왕후는 투기가 많은 간악한 여자로 장경왕후의 자식인 인종을 죽이고 자기의 자식을 임금의 자리에 앉히려고 온갖 모략을 꾸몄다.

　인종이 장성해서 성혼하고 빈궁과 함께 동궁(東宮)에서 생활하고 있을 때의 일이다. 계모 문정왕후는 인종 부부를 죽이려고 음모한 끝에 한 번은 산 쥐를 여러 마리 잡아서 꼬리에 기름 묻힌 솜심지를 달아 밤중에 불을 붙여 동궁 쪽으로 몰아 보냈다. 그리하여 깊은 밤중에 동궁에는 원인 모를 불이 났다. 잠자던 인종은 화재에 놀라 깨었으나 몸을 피하려고 하지 않고 스

스로 불에 타 죽으려고 몸을 움직이지 않았다.

"나는 여기서 타 죽을 테니, 당신이나 어서 몸을 피하시오."

인종은 이렇게 아내에게 말했다. 그러나 남편과 생사를 같이 할 빈궁은

"귀하신 세자 마마께서 몸을 피하셔야지, 저만 살면 무엇합니까?"

하고 울면서 남편을 끌어내려고 했다.

"그 전에도 어머님께서 나를 죽이시려 했을 때, 내 몸을 피한 것은 부모님께 불미스런 소문이 미칠까 해서 내가 살았던 것이지 조금도 내 목숨이 아까워서 그랬던 것은 아니오. 그러나 지금은 아무도 모르는 밤중이니 내가 타 죽더라도 어머님께 아무런 해도 미치지 않을 게 아니오? 어머님 마음을 편히 해 드리고 왕실의 내분을 없앨 수만 있다면 이 또한 효도이고 세자로서 할 일이 아니겠소?"

하고 꼼짝도 안 하는 것이었다.

이때 동궁에 배치되었던 하인들이 아우성을 치면서 인종 부부를 구출하려고 야단법석이었다. 마침내 중종이 와서 울먹이며 급히 불렀다.

"백돌아! 백돌아! 어서 뛰어나오너라. 백돌아!"

백돌이란 인종의 아명이다. 너무 급한 나머지 중종은 세자의 체면도 생각할 겨를 없이 어렸을 때의 이름을 불렀던 것이다. 이리하여 인종도 마침내 그 죽음의 불 속을 헤치고 빈궁과 함께 뛰어나왔다.

인종이 등극한 뒤 중국에서 사신이 왔다. 그때 인종은 경복궁으로 사신을 안내하고 아버지인 중종이 거처하던 궁전을 사신에게 소개하면서 눈물을 흘렸다.

그 지극한 효성에 감동한 명나라 사신은,

"전하는 하늘이 낸 큰 효자이옵니다."

하고 칭찬했다.

인종은 30세에 등극했으나 왕자가 없었다. 그것은 아마 인종 부부간에 생리적 결함이 있었는지는 모르지만, 간악한 계모일지라도 그토록 효성이 지극한 인종이었기에 계모가 낳은 아우에게 왕위를 물려주기 위해서 일부러 아들을 낳지 않도록 비방을 쓴 것이라고 당시 세상 사람들은 말했으니 효자의 부모 공경하는 마음은 마땅히 이래야 할 것이다.

공자가 말하기를,

"부모가 살아 계시거든 먼 곳에 가서 놀지 않으며 놀더라도 반드시 정한 방향이 있어야 한다."

하였다.

[원문]
子曰 父母 在어시든 不遠遊하며 遊必有方이니라.

공자가 말하기를,

"아버지가 부르시면 예! 하고 대답할 뿐 군말이 없고 마침 밥이 입에 들었으면 이것을 토하고 달려간다."

하였다.

子曰 父 命召이시면 唯而不諾하고 食在口則 吐之니라.

　諾 대답할 낙　　　吐 토할 토

[예담]

노래자(老萊子)는 중국 주나라 사람이다. 어려서부터 부모를 섬겨 모시는
데 따를 사람이 없었다. 부모가 잡수실 음식물은 언제나 부드럽고 맛이 있
는 것을 널리 구해 드리고, 부모가 입을 옷은 가볍고 따뜻한 것을 사다 드
렸으며, 부모의 마음이 편하도록 언제나 얼굴빛을 화평하게 가졌다.

　노래자가 70세가 되었을 때, 그의 부모는 여전히 건재하셨다. 노래자는
자신의 늙은 모습을 안 보이게 하기 위하여 눈부신 오색 색동으로 옷을 지
어 입고, 어린애처럼 부모 앞에서 춤을 추는 등 갖은 재롱을 피워 부모를
기쁘게 해 드렸다. 또 부모 앞에서는 자기가 늙었단 말을 한 번도 입 밖에
꺼내지 않았다.

　어느 날 부모님께 올리려고 음식상을 손수 들고 가던 노래자는 노쇠한
탓에 발을 헛디뎌 그만 땅에 넘어지고 말았다. 그때 그는 자신의 늙고 기력
없음을 감추려고 마치 어린애처럼 소리내어 울었으니, 그 우는 소리야말
로 참으로 지극한 효심의 자연스런 표현이었다고 한다.

　그 뒤 초(楚)나라의 정사는 어지러워지고 말았으니, 이를 본 노래자는 마
침내 몽산(蒙山) 남쪽에 은거하여 밭을 갈면서 〈노래자(老萊子)〉라는 책
을 지었다고 하나 이 책은 세상에 전해지지 않는다.

강태공이 말하기를,

"자기가 부모에게 효도하면 자기 자식도 자기에게 효도하나니, 이 몸이 이미 효도하지 못했으면 자식이 어찌 효도하기를 바라리요."

하였다.

[원문]
太公曰 孝於親이면 子亦孝之하나니 身旣不孝면 子何孝焉이리오.

또 말하기를,

"효도하고 순하게 하는 사람은 자기도 다시 효도하고 순하게 하는 자식을 낳을 것이요, 다섯 가지 시살(弑殺)을 범한 사람은 자기도 다섯 가지 시살을 범할 자식을 낳을 것이다. 이 말을 믿지 못하거든 오직 처마 끝에 떨어지는 물을 보라. 방울방울 떨어지고 떨어져서 조금도 어기고 옮기는 일이 없이 제자리에 떨어진다."

하였다.

[원문]
孝順은 還生孝順子요 五逆은 還生五逆子라. 不信커든 但看簷頭水하라. 點點滴滴不差移니라.

　　還 돌아올 환　　簷 처마 첨　　滴 떨어질 적　　差 어긋날 차

[주석]
오역(五逆) 임금, 아버지, 어머니, 할아버지, 할머니 등 다섯 사람을 죽인 죄.

[예담]

정승 황수신(黃守身)은 그 유명한 재상인 황희의 아들이다.

그가 젊었을 때의 이야기이다. 어느 예쁜 기생에게 반해서 공부도 집어치우고 집에도 잘 들르지 않는 그는 열흘에 거의 7, 8일은 그 기생의 집에서 살다시피 하였다. 황희는 백방으로 타이르고 꾸짖고 했으나 수신은 다만 아버지 면전에서만

"예! 예! 다시 안 하겠사옵니다."

말할 뿐 돌아서기가 무섭게 이내 기생의 집으로 달아나곤 했다. 그야말로 어리석고 못난 사람은 발전하지 못한다는 하우불이(下愚不移)요, 실로 막무가내였다.

어느 날 황희는 미리 수신이 집으로 돌아온다는 소식을 듣고 의관을 정제하고 밖에 나가 기다리다가 수신이 대문 가까이 다가서자 마주 나가 맞으면서 큰손님으로 대접했다. 수신이 깜짝 놀라,

"아버님! 이 어인 까닭이십니까?"

하고 의아해하자 황희는 태연히 대답하는 것이었다.

"내가 자식으로 너를 대해도 네가 처음부터 끝까지 듣지 않으니 이는 네가 아무래도 나를 아비로 여기지 않는 모양이다. 그러니 하는 수 없이 너를 손님의 예로 대접할 수밖에 없지 않느냐?"

하고 머리를 숙였다.

수신은 어찌할 줄을 몰랐다.

머리를 조아려 눈물을 흘리면서,

"죽을 죄를 지었습니다. 용서해 주십시오."

하고 애걸했다.

이런 일이 있은 뒤부터 그는 사랑하던 기생을 한 번도 찾지 않고 아버지의 말을 명심하여 조금도 어기지 않을 뿐 아니라, 모든 일에 효성이 지극하여 전에 없던 효자가 되었다.

어느 날 술이 몹시 취해서 기생집 앞을 지났는데 밤중에 눈을 떠 보니 전에 다니던 기생의 방이었다. 술이 깨어 까닭을 물어 보니 술에 취해서 말을 타고 오는데 말이 전에 가던 집이라, 그 기생집으로 들어갔다는 것이다. 수신은 칼을 빼어 말을 베고 즉시 집으로 돌아와 아버지의 말씀을 잊지 않고 아버지에게 효를 다하였다.

"착한 사람의 아들에 효자가 많다."

과연 황희 부자에게 해당되는 말인 듯하다.

순손(順孫)이라는 사람이 있었다. 연대와 살던 곳은 분명하지 않으나 고려 중엽 때의 사람인 듯하다. 그는 아내와 함께 남의 일을 돌봐 주면서 근근히 연명하면서 살아갔다. 곤궁한 살림을 계속하면서도 그들 부부는 늙은 어머니에 대한 효성만은 지극했다.

순손에게는 어린 아들 하나가 있었다. 이 어린아이는 순손이 자기 노모에게 드리려고 간신히 마련한 음식을 곧잘 먹어 버리기가 일쑤였다. 워낙 가난했기 때문에 이런 일이 있었겠지만 한두 번도 아니고 몇 번이나 이런 경우를 당한 순손은 생각다 못해 아내와 의논하였다.

"여보 큰일이구려. 푼돈을 모아 간신히 마련해 온 음식을 저 어린것이 번번이 먹어 없애니 이걸 어떡하면 좋단 말이요? 아이는 다시 낳을 수도 있지만 늙은 어머니는 한 번 돌아가시면 영영 그만이 아닌가? 어린것만 없으면 어머니를 배부르게 해 드릴 수가 있는데……."

이렇게 의논하고서 순손 내외는 철모르는 어린것을 업고 뒷산 후미진 곳으로 올라갔다. 어린것을 땅 속에 생매장하려던 참이었다. 그러나 땅을 한 길이나 파고 보니 거기에서 뜻하지 않은 종(鐘)이 하나 튀어나오는 게 아닌가?

순손 내외는 너무도 이상해서,

"여보, 이런 신기한 물건이 나왔으니 이것은 아마 이 아이의 복인가 싶소. 그대로 데리고 갑시다."

하고 어린것을 데리고 집으로 돌아왔다.

그들 내외는 이 신기한 종을 대들보에 달고 한 번 쳐보니 그 소리가 웅장하여 온 나라에 울려 퍼졌다. 당시 임금의 귀에까지 이 소리가 들려 연유를 묻고, 이내 순손 내외의 효성을 알게 된 임금은 이를 가상히 여겨 후하게 상을 주어 마음껏 노모를 봉양하게 해주었다.

어머니를 위하여 자식을 죽인다는 것은 오늘날의 윤리관으로 보아서는 언뜻 이해가 가지 않으나 당시의 순손 내외의 그 지극하고 간절한 효성만은 깊이 찬양할 만하다.

[총론]

이 효행편(孝行篇)은 부모의 높은 은덕과 자식으로서 부모를 섬기는 도리를 밝히고, 시종일관 인과론적 입장에서 효도하고 부모에게 순종한 사람이라야 자기 자신도 효도하고 순종하는 자식을 둘 수 있다는 훌륭한 말을 수록했다.

옛날부터 "자식이 부모에게 효도하는 것은 백 가지 행동의 근본이라(孝爲百行之本)", "효도하지 않는 사람에게는 다른 착한 일을 기대할 수 없다"는 등의 말이 있어, 이 효행이 인간 행실의 우두머리가 되는 것은 더 말할 나위도 없다.

〈성리서(性理書)〉에 이르기를,

"남의 착한 것을 보거든 나도 착한 일을 했는가 찾아보고, 남의 악한
것을 보거든 자기도 악한 일을 했는가 찾아보라. 이렇게 해야만 바
야흐로 유익한 일이 있을 것이다."

하였다.

[원문]
性理書에 云 見人之善이거든 而尋己之善하고 見人之惡이거든 而尋己之惡
이니 如此라야 方是有益이니라.

　尋 찾을 심

[주석]
성리서(性理書) 사람의 성품과 하늘의 이치를 말한 것으로 성리학(性理學)은 이런 것

을 의논한 유교 철학이다. 중국 송나라 주렴계(周濂溪)·장횡거(張橫渠)·정호(程顥)·정이(程頤)·주희(朱熹) 등이 제창한 학설로 이것을 기록한 글이 바로 성리서이다.

正

〈경행록〉에 이르기를,
"대장부는 마땅히 남을 용서해 줄지언정 남에게 용서를 받는 바가 되어서는 안 된다."
하였다.

[원문]
景行錄에 云 大丈夫 當容人이언정 無爲人所容이니라.

　　　容 얼굴 용, 용납할 용

[예담]
염파(廉頗)는 조나라 장군인 동시에, 제(齊)나라를 쳐서 이긴 공으로 조나라 재상의 자리에 올라 명성이 자자했다. 때마침 인상여(藺相如)란 사람도 같은 재상으로서 염파 장군의 윗자리에 있었으나 염파는 그를 몹시 못마땅하게 여겼다.

"나는 이 나라의 장군으로 적의 성을 공격하고 땅을 빼앗은 큰 공이 있지만, 저까짓 상여야 가만히 앉아서 말솜씨로만 한몫을 보면서도 지위는 오히려 나보다 위에 있을 뿐 아니라, 더욱이 그는 미천한 출신인데 내가 상여의 아랫자리에 있다니…… 내 거리에서 만나면 단단히 창피를 주리라!'
이런 말을 하고 있었다.
그러나 이와 반대로 인상여는 될 수 있는 대로 염파를 만나려 하지 않았고 조정 모임에도 항상 아프다는 핑계를 대고 염파와 자리를 같이 하지 않았다. 그러던 어느 날, 외출 중에 인상여는 저쪽에서 염파가 탄 수레가 자기 쪽을 향하여 줄달음질쳐 오는 것을 보고 곧 수레를 옆 골목으로 돌려 염파를 피했다.

이것을 본 상여의 하인이 몹시 불쾌히 여겨 말했다.

"염파 장군은 욕지거리를 함부로 하고 다니는데 어찌 승상께서는 그를 두려워 피하십니까? 재상의 높으신 몸으로 창피하게 생각지 않으십니까?"

이 말을 듣자 상여는 하인에게 반문했다.

"염파 장군과 진나라 왕 중에 어느 쪽이 훌륭한 분이라고 생각하느냐?"

"그야 물론 진나라 왕이 훌륭하고 위엄이 천하에 진동하지요."

상여는 빙그레 웃으며 말했다.

"그것 보아라. 그 위엄 있는 진나라 왕의 의사를 꺾고 뭇 신하들을 욕보여 감히 우리 조나라 왕을 건드리지 못하게 한 것은 바로 이 인상여가 아니냐? 그렇거늘 내 아무리 못난 사람일지라도 어찌 한낱 염파 장군을 두려워하여 그를 피하겠느냐? 생각해 봐라. 저 강대한 진나라가 우리 조나라를 감히 침입하지 못하는 것은 오직 우리들 두 사람이 있기 때문이다. 속담에도 두 호랑이가 싸우면 반드시 한 마리는 죽고 다른 한 마리는 상처를 입는다는데, 만일 우리 두 사람이 싸웠다가 한 사람이 죽거나 상처를 입게 된다면 이 조나라는 누가 지킨단 말이냐? 내가 염파 장군을 피하는 것은 나랏일을 먼저 생각하고 사사로운 일은 뒤로 미루기 때문이다."

뒤에 이 말을 들은 염파는 크게 뉘우쳐 몸소 인상여의 집으로 찾아가 사과하였다.

"미천한 인간이 장군의 관대한 의사를 모르고 버릇없이 굴었사오니 지난 일을 용서해 주시옵소서."

하고 마침내 자기가 인상여만 못한 것을 깨닫고 그 뒤부터 문경지교(刎頸之交)를 맺고 서로 깊이 사귀었다는 이야기이다. 대장부는 마땅히 사람을 용납할 줄 알아야 한다. 사람은 용납할 아량 없이는 출세할 수 없다. 이것이 바로 이 이야기에서 보여준 교훈이 아니겠는가?

강태공이 말하기를,

"내 몸이 귀하다고 하여 남을 천하게 여기지 말고, 자기가 크게 되었다고 해서 남을 업신여기지 말고, 또 자기의 용맹을 믿고서 적을 경솔히 여기지 말라."

하였다.

[원문]
太公이 曰 勿以貴己而賤人하고 勿以自大而蔑小하고 勿以恃勇而輕敵이니라.

賤 천할 천   蔑 업신여길 멸   恃 믿을 시   輕 가벼울 경   敵 대적할 적

마원이 말하기를,

"남의 허물 있는 것을 듣거든 마치 부모의 이름을 듣는 것과 같이 하여 귀로는 들을지라도 입으로는 말하지 말 것이다."

하였다.

馬援이 曰 聞人之過失이거든 如聞父母之名하야 耳可得聞이언정 口不可言
也니라.

援 도울 원

[예담]

사람들은 흔히 남의 흉보기를 좋아한다. 남의 잘못을 보거든 그 거울에 자기를 비쳐 자기도 또한 그러한 잘못이 없는가를 반성해 보는 것이 마땅할 것이다. 그런데 사람들은 남의 잘못을 보면 오히려 자기의 허물까지 잊어버리고는 그 흉을 보기에 급급해하고 급기야는 신바람이 나서 떠드는 일이 허다하다.

이러한 사람들에게 조선 효종의 아우이며 인종의 셋째 아들인 인평대군(麟平大君)은 다음과 같은 시조로써 그 마음을 훈계하였다.

세상 사람들이 입들만 성하여서
제 허물 전혀 잊고 남의 흉보는구나,
남의 흉보거라 말고 제 허물을 고치고저.

《파우스트》를 쓴 위대한 시인 괴테가 어느 날 부육관(傅育官)인 소레와 함께 바이마르 공원을 산책하고 있었다. 그때 그는 궁정 안에 사는 어느 귀부인의 모습을 보았다. 공원 안에는 산책하는 사람들도 별로 보이지 않았고 사방이 조용하여 그 부인은 주위에 다른 사람이 아무도 없는 줄 알고 같이 걷던 남자와 키스를 하는 것이었다. 행실이 곧고 정숙하기로 널리 알려진 부인이기에 그러한 행동을 본 사람들은 그 부인을 이상하게 보았을 것이다. 그런데 더욱 놀라운 것은 상대가 그의 남편이 아니고 엉뚱한 다른 남자가 아닌가!

소레는 금방 얼굴빛이 변하더니 볼멘소리로 그 광경을 보았느냐고 괴테에게 물었다. 그곳을 같이 거닐던 괴테가 못 보았을 리 없을 것이고 그러한 질문을 할 필요도 없었겠지만 소레는 이렇게 말문을 열어 부인의 잘못을 신랄하게 비평해 보려는 의도였던 것이다.

그런데 괴테의 대답은 매우 간단했다.

"보기는 틀림없이 보았습니다. 그러나 나는 그 사실을 믿을 수 없습니다."

남의 잘못한 과실을 듣고 이것을 모른 체한다는 사실, 결코 쉬운 일은 아니다. 되도록 우리는 남의 과실을 숨겨 주고 잘한 일을 널리 알리는 미덕을 길러야 한다.

孝

소강절 선생이 말하기를,

"사람이 자기를 헐뜯는 말을 듣더라도 노여워하지 말고, 남이 자기를 칭찬하는 말을 듣더라도 그것을 기뻐하지 말며, 남의 나쁜 것을 말하는 것을 듣더라도 여기에 곧 대꾸하지 말고, 다만 남의 착한 일을 했다는 말을 듣거든 여기에 응답하고 또 따라서 기뻐할 것이다."

하였다. 그가 지은 시에서 말하기를,

"착한 사람 보기를 즐거워하고
착한 일 듣기를 즐거워하고
착한 말하기를 즐거워하고

착한 뜻 행하기를 즐거워하고

남이 잘못한 것을 듣거든

가시 돋친 나무를 등에 진 듯이 싫어하고

남의 착한 일 한 것을 듣거든

난초(蘭)·혜초(蕙)를 몸에 지닌 것 같이 기뻐하라."

하였다.

[원문]

邵康節先生이 曰 聞人之謗이라도 未嘗怒하며 聞人之譽라도 未嘗喜하며
聞人之惡이라도 未嘗和하고 聞人之善則 就而和之하고 又從而喜之니라.
其詩에 曰 樂見善人하고 樂聞善事하고 樂道善言하고 樂行善意하고 聞人
之惡이거든 如負芒刺하고 聞人之善이거든 如佩蘭蕙니라.

　謗 비방할 방　　嘗 일찍 상　　譽 기릴 예　　芒 풀 망　　刺 찌를 자

　佩 찰 패　　蘭 난초 란　　蕙 혜초 혜

[예담]

중국 제나라 정승을 지낸 추기(鄒忌)는 키와 몸집이 커서 외모가 그럴듯해
보였다. 그는 은근히 자기 풍모에 자신을 가졌으나 남들이 어떻게 생각하
는지를 알고 싶었다. 그리고 당시 풍채 좋기로 나라 안에서 제일이라는 성
북(城北)에 사는 서공(徐公)과 자기를 비교해 보고도 싶었다.

　그는 옆에 있는 아내를 보고 물었다.

　"나의 풍채가 성북에 사는 서공과 비하여 어떠하오?"

　"그야 서공의 풍채가 아무리 좋다고 한들 대감의 풍채에 비교할 수 있겠
습니까?"

아내의 대답을 들은 추기를 이번에는 첩을 불러 물어 보았다. 그랬더니 첩의 대답 역시 약속이나 한 듯이,

"원, 대감도 서공이 누구길래 감히 대감의 풍채에 비긴단 말씀입니까?"

하고 대답하였다.

이때 마침 손님이 찾아왔다. 그는 다시 그 손님에게 똑같은 질문을 했다. 그 손님 역시 같은 대답이었다. 이때부터 그는 자기의 얼굴에 더욱 자신을 갖게 되었다.

그 후 우연히 서공이 그를 찾아왔다. 추기는 그를 반가이 맞이하여 극진히 대접하며 가만히 그와 자기의 용모를 비교해 보았다. 그러나 아무리 보아도 그는 자기보다 풍채가 훨씬 좋은 것 같았다.

추기는 여기에서 크게 깨달은 바 있어 이튿날 왕을 찾아갔다. 그는 그 동안에 있었던 자기의 아내와 첩, 그리고 찾아온 손님이 자기의 풍채를 똑같이 칭찬하던 말을 왕에게 아뢰고,

"신의 용모가 서공만 못함에도 이 같은 대답이 세 사람의 입에서 똑같이 나온 것은, 신의 아내는 아내된 입장에서 남편의 편을 든 것이요, 첩은 신의 마음을 사로잡아 보려는 의도에서 나온 것이요, 손님은 신에게 긴한 청탁이 있어서 온 터이라 거짓으로 그리 대답한 것이 아니겠습니까?

이것으로 미루어 볼 때 왕께서는 지방이 천 리이신 존엄하신 터에 궁녀나 좌우 신하들 중 누가 감히 왕을 두려워하지 않을 사람이 있으며 왕의 환심을 사려하지 않는 사람이 있겠습니까? 이로 본다면 왕은 지금까지 수없이 많은 거짓말만 듣고 지내 오신 것입니다."

이 말을 들은 왕은 크게 깨닫고 즉시 명령을 내려 신하나 백성들 중에서 직언으로 왕의 잘못을 간하는 사람에게 크게 상을 내리게 한 뒤부터 국세

는 더욱 떨치게 되었다.

남이 나를 칭찬한다고 해서 이것을 자기가 잘해서 그렇다고만 믿어서는
안 된다. 다만 언제나 착한 일을 하려고 애쓰는 데서 자기 몸을 바르게 가
질 수 있는 것이다.

尻

"나를 지나치게 칭찬해 주는 사람이 있으면 이는 반드시 나를 해치
는 사람이요, 내가 잘못한 것을 깨우쳐 주는 사람이 있으면 이것은
나의 스승이다."

[원문]
道吾善者는 是吾賊이요 道吾惡者는 是吾師니라.
　　賊 도적 적　　師 스승 사

尻

강태공이 말하기를,
"사람이 부지런하다는 것은 돈으로 살 수가 없는 보배가 되는 것이
요, 일에 삼가는 것은 자기 몸을 보호하는 부적(符籍)이 된다."
하였다.

[원문]
太公이 曰 勤爲無價之寶요 愼是護身之符니라.
　　愼 삼갈 신　　護 호위할 호

正

〈경행록〉에 이르기를,

"자기의 삶을 잘 보호하는 사람은 욕심이 적고, 자기 몸을 잘 보호하는 사람은 이름이 나는 것을 피하는 것이니, 욕심이 없기는 오히려 쉽다 하겠으나 자기 이름이 세상에 나는 것을 피하기란 정말 어려운 일이다."
하였다.

[원문]
景行錄에 云 保生者는 寡慾하고 保身者는 避名이니 無慾은 易하나 無名은 難이니라.

　　保 보전할 보　　　寡 적을 과　　　慾 욕심 욕　　　避 피할 피

[예담]
어진 정사를 베풀어 나라 안에 굶주리는 백성 없이 곳곳에서 격양가를 부르며 태평성대를 누리던 중국 요(堯) 임금 때 이야기이다.

　요 임금이 자기의 뒤를 이을 어진 인물을 사방으로 구하던 중 허유(許由)란 사람이 모든 면에서 자기보다 재주가 월등한 인재란 것을 알고 기산(箕山：지금의 하남성(河南省) 등촌현(登村縣) 동남에 있는 산)에 숨어 사는 그를 집으로 찾아갔다. 집이라야 겨우 바람을 가릴 수 있는 쓸쓸한 오두막집에 임금이 행차를 한 것이다.

그러나 허유는 무뚝뚝한 어조로,

"나랏일이 자못 바쁘실 텐데 이 먼 곳까지 웬일이십니까?"

자기를 찾아온 손님인 임금님께 첫마디 말을 꺼냈다. 요 임금은 얼굴 가득히 웃음을 띠고,

"일찍부터 높은 이름을 들어왔으나 찾아 뵙는 것이 오히려 늦어져 죄송스러울 따름입니다. 다름 아니오라 과인은 이미 늙고 또 힘이 부족하니 주인께서 이 천하를 맡아 주셔야 모든 백성들이 배부르게 지낼 수 있으리라 생각합니다."

얼굴빛이 일변한 허유는 뒤도 돌아보지 않고 어디론지 달려가는 것이었다. 임금을 자신의 외딴집에 남겨 둔 채 달다 쓰다 말 한 마디 없이 집을 나선 허유가 다다른 곳은 영천(潁川)이란 개울가였다. 영천 개울가에 온 그는 급히 냇물로 귀를 닦아 내었다. 닦고 또 닦고 몇 번이나 되풀이하여 귀를 닦기에 여념이 없었다.

마침 그때 소에게 물을 먹이러 그곳에 왔던 소부(巢父)가 이 광경을 보고는 의아해서 물었다.

"아니 갑자기 귀는 왜 그렇게 요란하게 닦느라고 사람이 옆에 와도 모른단 말인가? 여보게, 허유! 귀에 무슨 똥이라도 묻었단 말인가?"

소부 역시 속세를 등지고 이 근처에 와서 나무 위에 집을 얽고 숨어 사는 은사였다. 허유는 그제야 소부가 와 있음을 알고는,

"말 말게나 이 사람아! 그런 정도의 더러운 것이 묻었다면 무슨 걱정이겠나?"

하며 여전히 귀를 닦는 동작을 쉬지 않으며 땅이 꺼질 듯이 한숨을 내쉬었다.

"아니 도대체 무슨 일이기에 그러나? 속시원하게 말이나 좀 하게나."

얼굴을 잔뜩 찌푸린 채 허유는 마지못해 입을 열었다.

"아, 글쎄, 요 임금이 오늘 우리 집에 찾아와서 하는 말이 천하를 나더러 맡으라 하지 않겠나? 그런 더러운 말을 이 귀로 들었으니 어떻게 해야 이 더러움을 깨끗이 씻어 낼 수 있을는지?"

"아니 뭐! 뭐라구? 에이! 그 더러운 귀를 닦은 더러운 물을 하마터면 우리 소에게 먹일 뻔했군."

소부는 부랴부랴 냇물 상류를 향해서 급히 발걸음을 옮기는 것이었다.

세상에 '자기 몸을 보존하려는 자는 이름을 피한다' 했지만 천하를 준다는데 이것을 더럽다 하여 버렸다는 것은 정말 거짓말 같은 이야기이다. 그렇기에 사마천(司馬遷)은 자기가 쓴 〈사기(史記)〉에서,

"내 기산(箕山) 위에 올라가니 거기 허유의 묘가 있다고 하더라(余登箕山, 盍有許由塚云)" 하여, 허유가 실존 인물임을 증명한 바 있다. 이뿐 아니라 허유의 이 사실은 다른 역사에도 여러 곳에 나오고 있는 것으로 보아 아마도 근거 없는 헛된 이야기는 아닌 듯하다.

공자가 말하기를,

"군자(君子)는 세 가지의 경계하는 것이 있으니, 첫째 젊었을 때는 혈기가 아직 정해지지 않았기 때문에 여색(女色)을 경계하는 것이요, 둘째 몸이 장성한 뒤에는 혈기가 바야흐로 굳세지기 때문에 남과 싸우는 것을 경계하는 것이요, 셋째 늙은 뒤에는 혈기가 쇠약해

지기 때문에 재물을 탐하는 것을 경계한다."

하였다.

[원문]

子曰 君子有三戒하니 少之時엔 血氣未定이라 戒之在色하고 及其壯也하얀
血氣方剛이라 戒之在鬪하고 及其老也하얀 血氣旣衰라 戒之在得이니라.

　戒 경계할 계　　壯 장성할 장　　鬪 싸울 투　　衰 쇠할 쇠

[주석]

군자(君子) 도를 닦아 인격이 훌륭한 사람을 말한다.

손진인(孫眞人)의 〈양생명(養生銘)〉에 이르기를,

"몹시 성을 내면 기운을 상하게 되고, 생각을 너무 지나치게 하면 정
신을 해치게 된다. 정신이 피로하고 보면 마음을 수고롭게 하기 쉽
고, 기운이 약하면 병이 여기에 따라서 일어나게 된다. 슬픈 것이나
기쁜 것을 지나치게 하지 말고 음식도 양에 알맞게만 먹어라. 밤에
자주 술을 마셔서 취하지 말고 무엇보다도 첫새벽에 성내는 것을 경
계할 것이다."

하였다.

[원문]

孫眞人 養生銘에 云 怒甚偏傷氣요 思多太損神이라. 神疲心易役이요 氣弱
病相因이라. 勿使悲歡極하고 當令飮食均하며 再三防夜醉하고 第一戒晨嗔
이라.

銘 새길 명   偏 편벽될 편   疲 피로할 피   役 부릴 역   晨 새벽 신
嗔 성낼 진

[주석]
손진인(孫眞人) 도가(道家)의 선생.
양생명(養生銘) 생명을 기르는 데 유의하는 글. '명(銘)'이란 마음에 새겨서 잊지 않음을 뜻한다.

〈경행록〉에 이르기를,
"음식을 담박하게 먹으면 정신이 상쾌하고, 마음이 맑으면 꿈을 꾸어도 편안하다."
하였다.

[원문]
景行錄에 云 食淡精神爽이요 心淸夢寐安이니라.
　淡 맑을 담   爽 상쾌할 상   寐 잘 매

"마음을 정하여 모든 일을 처리한다면 비록 글을 읽지 않았더라도
덕 있는 군자가 될 수 있다."

[원문]
定心應物이면 雖不讀書나 可以爲有德君子니라.
　應 응할 응   雖 비록 수

〈근사록(近思錄)〉에 이르기를,

"분한 것을 참기를 마치 불을 끄듯이 하고 욕심나는 것을 막기를 마치 터져 나오는 물을 막는 것처럼 하라."

하였다.

[원문]

近思錄에 云 懲忿을 如救火하고 窒慾을 如防水하라.

　懲 징계할 징　　　忿 분할 분　　　窒 막을 질

〈이견지(夷堅志)〉에 이르기를,

"여색 피하기를 원수 피하 듯하고 바람 피하기를 날아오는 화살 피하 듯하라. 속이 비었을 때 차를 마시지 말고 밤중에 밥을 적게 먹어라."

하였다.

[원문]

夷堅志에 云 避色如避讐하고 避風如避箭하라. 莫喫空心茶하고 小食中夜飯하라.

　夷 오랑캐 이　　　箭 화살 전　　　喫 먹을 끽

[주석]

이견지(夷堅志) 송나라 때 홍매(洪邁)가 지은 책. 주로 신선과 귀신에 관한 것을 기록했다.

[예 담]

김유신(金庾信)은 15세 때에 화랑이 되었다. 그는 어려서부터 활쏘기와 말타기에 능했을 뿐 아니라 온갖 무술에 뛰어난 재주가 있어 주위 사람들은 그가 장차 커서 훌륭한 무인이 될 것이라고 기대하였다.

그가 태어난 당시 신라는 청소년들에게 심신을 단련하고 무술을 연마하도록 하여 장차 나라를 짊어지고 나아갈 역군을 양성하는 데 많은 노력을 기울였다. 이렇게 해서 생겨난 것이 화랑도다.

그가 17세 되던 해에 고구려와 말갈이 국경을 자주 침범해 오는 것을 안타깝게 여긴 그는 중악(中嶽)의 석굴에 홀로 들어가 비상한 술법을 익히게 해 줄 것을 하늘에 빌었다.

이렇게 한 지 나흘째 되던 날, 홀연히 한 노인이 그 앞에 나타났다.

"여기는 험준한 산 속이라 사나운 짐승이 많은데 어찌하여 이런 위험한 곳에 들어왔느냐?"

깜짝 놀란 소년 김유신은,

"저는 신라 사람인데 나라의 원수를 보고 그대로 참을 수 없어 이를 무찌를 힘을 기르기 위해 여기에 왔으니 부디 가르침을 바랍니다."

하고 눈물을 흘리며 간청하였다.

소년의 간청에 마음이 움직인 그 노인은 삼국을 통일할 비법을 그에게 자세히 가르쳐 주기에 이르렀다. 그 뒤부터 김유신의 무예는 일취월장 발전을 거듭하였고, 그의 이러한 정신과 무술은 후에 삼국 통일의 대업을 수행하는 원동력이 되었다. 그러나 그에게도 일찍이 방탕한 시절이 있었다. 주위 사람들과 어울려 술과 여자에 빠졌던 때가 있었던 것이다.

그 중에 김유신이 마음을 두고 사귀는 여자에 천관(天官)이란 여인이 있었다. 그는 천관에게 반해 하루도 그 여인을 만나지 않고는 견딜 수가 없을 지경이었다. 말을 타고 달리거나 활을 당기는 순간에도 그의 뇌리를 스치는 것은 천관의 아리따운 자태였고, 화랑도들과 나라의 앞날을 의논하다가도 옥을 굴리는 듯한 천관의 목소리가 귓전을 맴도는 것 같았다.

이를 알아챈 김유신의 어머니 만명 부인은 아들을 불러 크게 꾸짖었다.

"장차 이 나라를 위해서 큰 일을 하겠다고 마음먹은 네가 한낱 여인에게 반하여 가문을 더럽히니 이게 어찌된 일이냐!"

어머니의 호된 꾸중을 듣고 김유신은 흐느껴 울며 다시는 그와 같은 생활을 하지 않으리라 마음속으로 굳게 결심하였다. 어느 날 말을 타고 골똘히 무엇을 생각하며 집으로 돌아오던 중, 그가 탄 말이 예전 습관대로 천관의 집으로 발을 옮겼다. 오랜만에 찾아온 그를 보고 천관이 달려나오며 반가워 어쩔 줄을 몰라 했으나 자기의 말이 자기를 태우고 찾아온 곳이 바로 천관의 집이라는 것을 안 김유신은 그 자리에서 차고 있던 칼을 뽑아 말의 목을 베고 말았다. 이로써 그는 여색에 미혹되지 않고 훗날 명장으로 이름을 떨치고 통일의 대업을 완수하였다.

"여색 피하기를 원수같이 하라!"

과연 김유신은 그 명언을 그대로 실천한 자이다.

正

순자(荀子)가 말하기를,

"쓸데없는 말과 급하지 않은 일은 버려 두고 하지 말 것이다."

하였다.

荀子 曰 無用之辯과 不急之察을 棄而勿治하라.

　荀 풀이름 순　　辯 말씀 변

[주석]
순자(荀子) 이름은 황(況), 중국 전국시대의 조나라 사람. 성악설(性惡說)을 주장한 학
자이다.

도

공자가 말하기를,

"모든 사람들이 좋다 할지라도 반드시 이것을 살펴서 하고 모든 사
람들이 미워하더라도 반드시 이것을 살펴볼 것이다."

하였다.

[원문]
子曰 衆이 好之라도 必察焉하며 衆이 惡之라도 必察焉이니라.

　衆 무리 중　　察 살필 찰

[예담]
영국에 기술이 아주 탁월한 목수가 있었다. 그러나 그는 한 번도 자기 기술
을 믿고 교만한 생각을 하는 일이 없었다.

　어느 시대 어느 나라를 막론하고 대개 목수라면 특별히 공부를 한다거
나 연구를 하는 일 없이 그저 남이 하는 것을 보고 자기도 하나 둘 해 보
는 동안에 기술을 습득하여 집을 지을 줄 아는 정도로 그치는 것이 일반
적이다.

그렇지만 이 목수는 생각이 달랐다. 고적이 많은 나라를 두루 돌아다니며 훌륭한 건축 문을 직접 보고서 많은 연구를 쌓았기 때문에 누구도 그의 건축술을 따를 만한 사람이 없었다.

7월의 뜨거운 태양 아래 하루는 다 낡은 지붕 위에 올라가 집을 헐고 있었다. 그를 아는 사람들은 그의 이러한 모습을 보고 입을 모아 그를 비웃었다.

"그리스까지 가서 건축 기술을 연구했다는 사람이 무더운 한여름에 집을 헐고 있다니, 집 허는 것도 뛰어난 기술인가?"

그도 그럴 것이 집을 허는 일이란 아무런 기술도 없는 막벌이꾼이나 할 일로 모두들 알고 있었으며, 그만 못한 다른 목수들도 이러한 일을 생각지도 않을 만큼 천한 일이었다. 그러나 그 목수는 아주 만족한 표정으로 이렇게 중얼거리며 그 작업을 계속했다.

"내가 인류를 위해서 이바지할 수 있는 길은 사람들의 뜻대로 집을 고치고, 새로 짓는 일일세. 그들을 위해서 조금이라도 보탬이 되는 것이라면 가릴 것이 무엇이 있겠는가."

이렇게 해서 그에 못지 않게 유명하던 목수들은 자기들의 기술을 믿고 자만을 부린 탓에 발전하지 못했지만 하루하루 맡은 일에 충실하던 이 목수는 훗날 영국에서 가장 뛰어난 목수로 대성하였다.

그렇다! 남들이 아무리 잘한다고 칭찬해도 자신의 실력과 재주를 항상 재검토해야만 대성할 수 있는 것이다.

"술에 취한 중에도 말을 하지 않는 사람은 참다운 군자이고, 재물을
가지고 분명히 가리는 것은 대장부이다."

[원문]

酒中不語眞君子요 財上分明이 大丈夫니라.

　財 재물 재

"모든 일을 행하는 데 너그럽게 하면 자기에게 오는 복이 저절로 많
아진다."

[원문]

萬事從寬이면 其福自厚니라.

　寬 너그러울 관　　厚 두터울 후

[예담]

음애(陰崖) 이자(李耔)는 조선 중종 때 사람으로 벼슬이 좌참찬(左參贊)에
이르렀다. 일찍이 한충(韓忠)·남곤(南袞)과 더불어 북경(北京)에 사신으
로 가는데, 도중에 남곤이 병들어 죽게 되었다. 남곤은 그때 이름난 소인
(小人)으로 자기 편에 들지 않는 사람은 모조리 해치고 있었다.

　동행하고 있던 한충은,

　"저놈이 죽지 않으면 뒷날 조정에 어진 선비라고는 씨가 없을 테니 죽게
내버려 두라."

하고 조금도 구해 줄 생각을 하지 않았다.

그러나 이자는 정성껏 그를 구호하면서 말하기를,

"그가 죽는 것이야 낸들 아까울 게 없지만 만리 타국에 함께 가다가 병들어 죽게 된 것을 어떻게 내버려둔단 말인가?"

라고 말하고서는 열심히 간호한 결과 다행히 남곤은 객사하지 않고 살아서 돌아올 수가 있었다.

그 후 남곤이 세력을 잡게 되었다.

소위 기묘사화(己卯士禍)를 일으켜 선비들을 일망타진하는데, 이자만은 자기를 살려 준 은덕으로 죽이지 않고 파직만 시켜서 내쫓았다. 만일 그때 한충처럼 남곤의 병을 돌봐 주지 않았더라면 이자 역시 그에게 죽음을 면치 못했을 것은 분명하다.

이자는 또한 소인(小人) 김안로(金安老)와도 인척 관계가 있고, 또 주계군(朱溪君) 밑에서 함께 공부를 한 동문생이기도 했다. 그러나 그 후 정계에 나서자 김안로와는 일마다 서로 어긋나 안로는 어느 때고 그를 해치려고 벼르고 있었다. 기묘사화에 이자가 파직당하고 용궁(龍宮) 땅에 와 있는데 마침 김안로가 좌의정으로 그 근처의 선영에 성묘를 갔다가 돌아오는 길에 이자를 찾게 되었다.

사실 김안로는 이자에게서 무슨 트집을 잡아 끝내 죽여 버리려던 속셈이었다. 이런 속셈을 미리 알아차린 이자는 얼굴에 일부러 괴화탕(槐花湯 : 홰나무의 꽃을 달인 물)을 발라 마치 중병 환자인 듯 이불을 쓰고 누웠으니 안로는 그의 처참한 모습을 보고 손을 잡고 위로하며 거짓 눈물까지 흘리며 작별했다.

안로가 밖에 나와 하인들을 보고 말하기를,

"음애의 병이 저러하니 벌써 이 세상 사람이 아니구나. 내 이제는 아무 걱정이 없도다."

하고 만족해했다.

만사를 너그럽게 처리했기 때문에 큰 화를 면한 본보기의 이야기이다.

巨

강태공이 말하기를,

"남의 마음을 헤아려 보고자 하거든 먼저 자기 마음을 헤아려 보라. 남을 해치는 말을 하는 것은 오히려 자기 몸을 해치는 것이며, 입 속에 피를 물고 남에게 뿜고자 하면 먼저 자기 입을 더럽혀야 한다."

하였다.

[원문]
太公이 曰 欲量他人이거든 先須自量하라. 傷人之言은 還是自傷이며 含血噴人이면 先汚其口니라.

　　含 머금을 함　　噴 뿜을 분　　汚 더러울 오

巨

"공연히 희롱하고 놀기만 하는 것은 아무런 유익함도 없고, 오직 부지런한 사람만이 공을 세울 수 있다."

[원문]
凡戱는 無益이오 惟勤이 有功이니라.

　　凡 무릇 범　　戱 희롱할 희

강태공이 말하기를,

"남의 오이 밭에는 들어가지 말 것이요, 열매가 있는 나무 밑에서 갓을 고쳐 쓰지 말아야 한다."

하였다.

[원문]

太公이 曰 瓜田에 不納履요 李下에 不正冠이니라.

納 드릴 납   履 신 이   冠 갓 관

〈경행록〉에 이르기를,

"마음은 편안하게 갖더라도 몸은 항상 수고로워야 하고, 도는 즐겨하더라도 마음속에는 걱정이 있어야 한다. 몸이 수고롭지 않고 보면 게으른 폐단이 생기기 쉽고, 마음에 걱정하는 것이 없고 보면 술과 여자와 같은 음탕한 곳으로 흐려지기 쉬운 것이다. 그렇기 때문에 편안한 것은 수고하는 데서 생겨서 항상 기쁜 것이고, 즐거운 것은 걱정하는 데서 생겨서 언제라도 싫지 않은 것이니 모든 일에 편안하고 즐겁고자 하는 사람은 어찌 걱정과 수고로움을 잊을 수 있으리요?"

하였다.

景行錄에 云 心可逸이언정 形不可不勞요 道可樂이언정 心不可不憂니 形
不勞면 則怠惰易弊하고 心不憂면 則荒淫不定故로 逸生於勞而常休하고 樂
生於憂而無厭하나니 逸樂者는 憂勞를 豈可忘乎아.

　逸 편안할 일　　怠 게으를 태　　惰 게으를 타　　弊 폐단 폐　　淫 음란할 음
　厭 싫을 염

乭

"귀로는 남이 잘못했다는 말을 듣지 말고 눈으로는 남의 단점을 보
지 말고 입으로는 남의 과실을 말하지 않아야만 거의 군자라고 할
것이다."

[원문]
耳不聞人之非하고 目不視人之短하고 口不言人之過라야 庶幾君子니라.

　庶 무리 서　　幾 몇 기

乭

채백개(蔡伯喈)가 말하기를,

"기뻐하고 노여워하는 것은 마음속에 있는 것이요, 말은 입에서 나
오는 것이니 삼가 않을 수 없는 것이다."

하였다.

[원문]
蔡伯喈 曰 喜怒는 在心하고 言出於口하나니 不可不慎이니라.

　蔡 성 채　　伯 맏 백　　喈 새소리 개

낮잠 자는 재여(宰予)를 보고 공자가 말하기를,

"썩은 나무에는 조각을 할 수가 없고, 더러운 흙으로 쌓아올린 담은
흙 손질을 할 수가 없다."

하였다.

[원문]
宰予晝寢이어늘 子曰 朽木은 不可彫也요 糞土之墻은 不可圬也니라.

　宰 재상 재　　朽 썩을 후　　彫 새길 조　　糞 똥 분　　墻 담 장
　圬 흙손 오

[주석]
재여(宰予) 자는 자아(子我). 공문십철(孔門十哲)의 한 사람이며 공자의 높은 제자
이다.

자허원군(紫虛元君)의 〈성유심문(誠諭心文)〉에 말하기를,

"복이란 깨끗하고 검소한 데서 생기고, 덕은 자기 몸을 낮추고 겸손
하게 하는 데서 생기고, 도는 편안하고 고요한 데서 생기고, 명은 화
평하고 마음을 밝게 갖는 데서 생기는 것이다. 또 근심이란 쓸데없
는 욕심을 많이 부리는 데서 생기고, 화라는 것은 부질없이 재물을
몹시 탐하는 데서 생기고, 과실은 경솔하고 몸을 거만하게 갖는 데
서 생기고, 죄는 모든 어질지 못한 데서 생기는 것이다. 그러니 자기

눈을 경계해서 남이 잘못하는 것을 보지 말게 하고, 입을 경계해서
남의 단점을 말하지 못하게 하고, 마음을 경계해서 재물을 탐하거나
공연히 성내지 않도록 하고, 몸을 경계해서 나쁜 친구를 따라다니지
않도록 하라."

하였다. 또 말하기를,

"아무런 이로움이 없는 말을 쓸데없이 지껄이지 말고, 자기에게
관계가 없는 말을 함부로 하지 말고, 임금이나 윗사람을 존경하고,
부모에게 효도하며 어른을 공경하고, 덕이 있는 이를 잘 받들며, 어
진 사람과 어리석은 사람을 분별할 줄 알아야 하고, 무식한 사람은
모든 일을 용서해 주어야 한다. 무슨 물건이나 순리로 자기에게 오
거든 이것을 막지 말고, 물건이 이미 가버렸거든 좇으려고 하지 말
라. 자기 몸이 남들에게 대우를 받지 못한다 하여 이것을 억지로 바
라지 말고 무슨 일이나 이미 지나가 버렸거든 이것을 생각할 것이
없다."

하였다.

다음으로 말하기를,

"총명한 사람도 때로는 어둡고 실수할 때가 있는 것이고, 아무리
옳게 세운 계획도 어쩌다 보면 잘못되는 수가 있다. 남에게 손해를
보이려다가 마침내 손실을 보는 수도 있고, 너무 세력에만 의존하
다 보면 화가 따라오는 수가 있다. 마음으로 모든 것을 경계하고 자
기 기운으로 이것을 지켜야 한다. 언제나 절약하지 않기 때문에 집

이 망하는 법이고, 청렴하지 못하기 때문에 자기의 지위를 잃게 마련이다. 그대에게 내 평생 경계할 것을 권하건대 모든 일을 스스로 생각하고 스스로 보살피도록 할 것이다. 위에서는 하늘의 거울이 내려다보고 있으며, 아래에서는 땅의 신령이 언제나 살피고 있다. 밝은 이 세상에는 임금의 법이 계승되어 시행되고 있으며, 죽어 저세상에 가도 귀신이 따라다니면서 살피고 있을 것이다. 그러니 오직 바른 것을 지켜서 자기 마음을 속이지 말 것이니 경계하고 또 경계하라."
하였다.

[원문]

紫虛元君誠諭心文에 曰 福生於淸儉하고 德生於卑退하고 道生於安靜하고 命生於和暢하고 患生於多慾하고 禍生於多貪하고 過生於輕慢하고 罪生於不仁이니라. 戒眼하야 莫看他非하고 戒口하야 莫談他短하고 戒心하야 莫自貪嗔하고 戒身하야 莫隨惡伴하라. 無益之言을 莫妄說하고 不干己事를 莫忘爲하고 尊君王孝父母하고 敬尊長奉有德하고 別賢愚恕無識하고 物順來而勿拒하여 物旣去而勿追하고 身未遇而勿望하고 事已過而勿思하라. 聰明도 多暗昧요 算計도 失便宜니라. 損人終自失이오 倚勢禍相隨라. 戒之在心하고 守之在氣니라. 爲不節而亡家하고 因不廉而失位니라. 勸君自警於平生하나니 可歎可驚而可畏니라. 上臨之以天鑑하고 下察之以地祇라. 明有三法相繼하고 暗有鬼神相隨라. 惟正可守요 心不可欺니 戒之戒之하라.

紫 붉을 자	諭 고할 유	暢 화창할 창	慢 업신여길 만	隨 따를 수
伴 짝 반	妄 망령될 망	識 알 식	追 좇을 추	遇 만날 우
昧 어두울 매	倚 의지할 의	廉 청렴 렴	歎 탄식할 탄	鑑 거울 감
祇 토지의 신 기	欺 속일 기			

자허원군(紫虛元君) 도가(道家)에서 받드는 신.
성유심문(誠諭心文) 문장의 이름. 정성껏 마음을 계유(戒諭)하는 글이라는 뜻이다.

[예 담]

중국 제후국(諸侯國) 오나라의 정승 원앙(爰盎)은 자기 밑에 있는 종사관
(從事官)이 시녀와 간통하고 있는 것을 알았다. 그러나 원앙은,

"젊은 사람이 그럴 수도 있는 일이고 또 시녀 한 사람 때문에 전도유망한
젊은이에게 죄를 내릴 수도 없으니 차라리 모른 체하는 것이 옳겠다."

하여 그 일을 불문에 붙인 채 그대로 넘겨 버렸다.

그러나 종사관은 일이 발각될까 두려워서 남몰래 도망쳐 버렸다. 원앙은
이것을 알고 사람을 시켜 종사관을 찾아다가 옛날 자리를 그대로 주고 도
리어 공공연하게 시녀를 내주어 데리고 가서 살도록 했다.

"너는 이 여자 하나만을 사랑하지만 나는 이 여자 이외에도 많은 시녀들
이 있으니 상관없다. 너는 사랑하는 이 여자를 데리고 살아라."

하여 종사관을 안심시키고 일을 잘 보도록 타일렀다.

그 후 원앙은 오나라 왕과 틈이 생겨서 정승의 자리를 그만두고 한나라
로 가서 벼슬을 하다가 한나라 왕의 명령으로 오나라에 가니, 오나라 왕은
이 기회에 원앙을 죽여 버리기 위해 군졸 5백 명을 풀어 그의 숙소를 포위
하고 원앙을 잡으려 했다.

이때 오나라의 병권을 잡고 있는 대장 하나가 술을 한 독 가져다가 군졸
들에게 먹게 한 뒤 그들이 모두 곯아떨어지자 원앙의 숙소에 들어가 원앙
에게 말했다.

"상공께서는 빨리 도망가십시오. 오나라 왕께서 상공을 죽이려고 군졸

들을 풀어 숙소 주위를 포위하고 있으니 형세가 몹시 위태롭습니다. 날이 새기 전에 어서 피하십시오."

라고 말했다.

원앙은 이 말을 듣고 깜짝 놀랐다.

"그렇다면 내가 어떻게 도망을 갈 수 있겠소. 그리고 당신은 대관절 누구 이기에 이 긴박한 처지에 감히 나한테 내통을 하는 것이오?"

"상공께서는 세월이 오래되어 소인을 잊으셨습니까? 저는 상공께서 주신 시녀를 데리고 사는 그 당시의 종사관으로 지금은 대장의 자리에 있습니다. 염려 마시고 제 뒤만 따르십시오. 군졸들에게 독주를 먹여 모두가 잠들어 있으니 이 틈에 어서 도망가십시오."

대장은 원앙을 인도하여 포위망을 뚫고 나와 말 한 필을 주면서 손짓하여 어서 가라며 서남쪽을 가리킨다. 원앙이 말을 타고 날이 새기 전에 백리 정도를 달아난 이튿날 아침에야 오나라 왕은 원앙이 달아난 것을 알고 뒤를 쫓게 했으나 찾지 못하였다.

은덕을 베풀면 자연히 복이 돌아온다. 만일 전날에 시녀와 내통한 것을 알고 종사관에게 죄를 내렸더라면 이런 곤경에서 살아날 수 있었으랴?

[총론]

이 정기편(正己篇)에서는 일상생활에 대한 반성과 군자는 혼자 있을 때에 행동을 삼가[愼獨]는 일에 정성을 다하며 나아가서 기쁨과 노여움을 얼굴에 나타내지 않을 것과 맑고 청렴하고 담백한 생활을 권장하는 의미의 좋은 말들을 수록했다.

안분편 安分篇

明心寶鑑

〈경행록〉에 이르기를,

"자기가 처하고 있는 것에 족한 것을 알면 즐거운 것이요, 재물을 탐내고 욕심을 부리면 자연 근심이 된다."

하였다.

[원문]

景行錄에 云 知足이면 可樂이요 務貪則憂니라.

[예담]

신라 제2대 임금인 남해왕(南解王)의 사위는 석탈해(昔脫解)였다.

남해왕이 죽자 남해왕의 아들인 태자(太子)는 자기 매부인 석탈해에게 왕위를 사양하려고 했다.

이는 석탈해가 당시 대보(大輔)의 자리에 있으면서 공로가 클 뿐 아니라, 인격이 어질고 근실하여 임금이 될 만한 덕망이 있으니, 마땅히 이런 사람을 왕위에 올려놓아야만 신라의 국체가 융성하리라고 믿었기 때문이다. 그러나 석탈해는 그대로 왕위를 받아들이지 않고 여러 가지 핑계로 굳이 사양한다.

"왕위란 거룩하고 지극히 존엄한 자리인데 어찌 나 같은 사람이 감히 이 자리에 오른단 말이오? 태자가 마땅히 선왕의 자리를 계승해서 왕위에 오르셔야 됩니다."

이렇게 그들은 서로 왕위를 양보하여 좀처럼 결말이 나지 않았다.

석탈해는 한 가지 꾀를 내어 태자에게 말했다.

"내가 듣건대 옛날부터 치아가 많은 사람이 덕망이 있다 하였으니 어디 누가 치아가 많은지 세어 봅시다."

그는 평소에 태자의 치아가 더 많다는 것을 알았기 때문에 이렇게 말하여 왕위를 사양할 구실을 만들었던 것이다. 이들이 각각 떡을 베어 물어 보니 석탈해가 예측한 대로 태자의 치아가 많았기 때문에 그는 약속대로 왕위에 올라 제3대 유리왕(儒理王)이 되었다.

"석탈해는 우리 신라 조정의 중신이요 왕가의 인척이 될 뿐만 아니라, 또한 그 동안 수많은 공을 세워 왔다. 나에게 비록 두 왕자가 있기는 하지만 탈해와 비교해 보면 모두 용렬해서 임금이 되어 어려운 정사를 감당할 자격이 없다. 그러니 내가 죽은 뒤에는 탈해에게 이 자리를 계승시키게 하라."

하였다.

이리하여 석탈해는 제4대 왕이 되었다. 그는 23년 동안 왕위에 있으면서 많은 선정을 베풀었다. 하지만 석탈해는 끝내 이 왕위를 자신이 계승해서는 안 된다는 것을 계속 주장하였다. 그리하여 석탈해가 죽은 후 결국 유리왕의 태자가 제5대 파사왕(婆娑王)이 되었다.

동서고금을 막론하고 왕위를 둘러싸고 피비린내 나는 싸움을 일삼은 역사를 우리는 많이 보아 왔다. 그래서 이 유리왕과 석탈해의 아름다운 일화는 우리의 마음을 흐뭇하게 한다. 왕위를 양보한 석탈해야말로 자기의 족한 바를 아는 사람이었을 것이다.

"족한 줄을 아는 사람은 자기가 비록 가난하고 천한 데 처해 있더라도 그것을 즐겁게 여기고, 족한 것을 알지 못하는 사람은 제아무리 부자가 되고 귀하게 되어도 역시 근심을 버리지 못하는 것이다."

[원문]
知足者는 貧賤도 亦樂이요 不知足者는 富貴도 亦憂니라.

"쓸데없는 생각을 하는 것은 한낱 정신만 손상시키는 것이 되고, 부질없이 움직이는 것은 도리어 화를 불러오게 된다."

[원문]
濫想은 徒傷神이요 妄動은 反致禍니라.

  濫 퍼질 람   想 생각 상

"자기의 족한 것을 알아 항상 만족하게 여기면 한평생 욕을 보지 않을 것이고, 그칠 곳을 알아 항상 그치고 보면 한평생 부끄러움이 없을 것이다."

[원문]

知足常足이면 終身不辱하고 知止常止면 終身無恥니라.

辱 욕할 욕   恥 부끄러울 치

[예담]

조선 정조(正祖) 때 일이다. 정승 부인 윤씨(尹氏)는 당시 호조판서로 있던 김재찬(金載瓚)의 어머니다. 어느 날 김재찬이 대궐에 들어갔다 나와서 수심에 찬 얼굴을 하고 있으니 그 어머니가 이유를 물었다.

"실은 이번에 청나라 사신이 왔는데 저희 황제에게 바칠 백은(白銀) 5천 냥을 내놓으라는 것입니다. 기한은 사흘밖에 없는데 지금 국고에는 그 절반 정도밖에 없으니 지방 감영(監營)에서 가져오려고 해도 여러 날이 걸릴 것입니다. 나라의 체면도 그렇고 외교상 중요한 문제라 그러합니다."

"호조판서가 그만한 융통도 못하는가? 내 대줄 테니 근심하지 말거라."

"어머님이 그렇게 큰 보화를……."

김재찬은 안심이 안 되었다.

어머니는 2년 전에 판 집을 다시 사자고 했다. 어머니 말씀이라 하는 수 없이 시세의 배나 되는 집값을 주고 다시 사들였다. 당장 사야 한다기에 그렇게 한 것이다. 집주인도 호조판서가 집값을 많이 주고 사겠다고 하니 두말 없이 그날로 내놓을 수밖에 없었다.

어머니 윤씨는 하인들에게 그 집 부엌의 바닥을 파도록 명령했다. 부엌 바닥을 파니 그곳에서 커다란 은독이 세 개나 나왔다. 그 말굽은에는 명나라 연호가 새겨져 있었다.

김재찬은 깜짝 놀라서 어머니 윤씨에게 영문을 물었다.

"5천 냥을 얼른 청나라 사신에게 갖다 주거라. 이것은 명나라 군대가 임진왜란 때 군용품으로 가져왔다가 두고 간 것이니 결국 제 돈 제가 찾아가는 격이 되었구나. 내가 이 집을 살 때 부엌을 수리하다가 은독을 발견했으나 다시 묻어 버렸다. 그때는 형세가 어려웠지만 공으로 생긴 걸 어찌 쓰겠느냐? 지금 생각해도 천만 잘한 일이었구나. 만일 그때 갑자기 부자가 되었다고 해봐라. 돈 쓰기에 급급해서 책을 멀리했을 테고 그랬으면 어떻게 판서가 되었겠느냐? 이제 피치 못할 사정으로 이것을 쓰게 됐으니 청나라 사신에게 주고 남은 것은 국고금으로 헌납하도록 해라."

김재찬은 어머니의 분부대로 했다. 이 사실을 알게 된 정조는 크게 탄복하였다.

공으로 생긴 돈은 쓸 것이 못된다. 윤씨 부인의 이러한 선견지명은 집안을 일으키고 마침내는 나라에도 매우 유효한 행동이 되었다. 만일 윤씨 부인이 당시의 생활을 부족하게 생각하여 이 말굽은을 파내서 썼더라면 나라에 공을 세우지도 못했을 뿐더러 그 집의 흥망이 어찌 되었을지 장담 못할 일이다.

〈서경(書經)〉에 이르기를,

"무슨 물건이 가득 차면 줄어들게 마련이고 겸손하게 하면 이익을
본다."
하였다.

[원문]
書에 云 滿招損하고 謙受益이니라.
　招 부를 초　　謙 겸손할 겸

[주석]
서경(書經) 중국 고대의 훌륭한 임금들의 나라 다스리던 큰 법도를 기록한 책이다.
〈시경(詩經)〉과 함께 유명한 경전 중의 하나이다.

격양시(擊壤詩)에 이르기를,

"자기 분수에 편안하게 하면 몸에 욕되는 일이 없을 것이요, 일의
돌아가는 기틀을 알면 마음이 스스로 한가로워질 것이다. 이런 사
람은 비록 세상에 살더라도 도리어 인간 세상에서 벗어난 인간이
될 것이다."
하였다.

[원문]
擊壤詩에 云 安分身無辱이오 知機心自閒이라. 雖居人世上이나 却是出人

間이라.

　擊 칠 격　　壞 흙덩이 양　　機 기틀 기

[주석]
격양시(擊壤詩) 송나라 때 소옹(邵雍)이 지은 시이다.

[총론]
여기에서는 자기 신분의 분수를 알아 허탄한 것을 바라지 말고, 부질없이
호화로운 사상누각(沙上樓閣) 같은 향락보다는 실질적이고 정신적인 생
활을 영위하는 것을 만족하게 여기라는 명언들을 살펴볼 수 있었다.
　"매사에 분수를 알라!"
　안분편(安分篇)에서 우리는 이 옛말을 다시금 배울 수 있다.

존심편 存心篇

〈경행록〉에 이르기를,

"좁은 방에 앉았어도 큰길을 다니는 것처럼 하고, 마음 갖기는 말 여섯 필을 부리는 것처럼 조심조심하면 가히 허물을 면할 것이다."

하였다.

[원문]

景行錄에 云 坐密室을 如通衢하고 馭寸心을 如六馬면 可免過니라.

　密 빽빽할 밀　　衢 거리 구　　馭 말부릴 어

격양시에 이르기를,

"부자가 되고 귀하게 되는 것을 만일 자기의 지혜와 힘으로 구할 수 있다면 공자 같은 이는 젊은 시절에 당나라의 제후에 봉했을 것이다. 세상 사람들은 저 푸른 하늘의 뜻을 알지 못하고 공연히 밤중에 일어나 앉아 자기 마음으로 근심만 한다."

하였다.

[원문]
擊壤詩에 富貴를 如將智力求면 仲尼年少合封侯라. 世人은 不解靑天意하고 空使身心半夜愁라.

仲 버금 중   尼 중니   愁 근심 수

[주석]
중니(仲尼) 공자의 자(字)를 말한다.

범충선공(范忠宣公)이 자제들을 경계하여 말하기를,

"사람이 비록 아무리 어리석다 해도 남의 잘못하는 과실을 책망하기는 분명히 하는 것이요, 제아무리 총명하다 해도 자기의 잘못을 깨닫는 데에는 어두운 법이다. 그러니 너희들은 마땅히 남의 과실을 책망하는 마음으로 자기 몸을 책망하고 자기 잘못을 용서하는 마음으로 남의 잘못을 용서한다면 성현의 경지에 이르지 못할 것을 근심할 것이 없다."

하였다.

[원문]

范忠宣公이 戒子弟曰 人雖至愚나 責人則明하고 雖有聰明이나 恕己則昏이니 爾曹는 但當以責人之心으로 責己하고 恕己之心으로 恕人則不患不到聖賢地位也니라.

范 성범   宣 베풀선   爾 너이   曹 무리조

[주석]

범충선공(范忠宣公) 이름은 순인(純仁), 자는 요부(堯夫). 북송의 훌륭한 신하인 범중엄(范仲淹)의 아들로 철종(哲宗) 때의 재상.

공자가 말하기를,

"아무리 총명하고 생각하는 것이 투철하더라도 어리석은 것처럼 자기 몸을 지켜 나가고, 아무리 자기가 세운 공덕이 천하를 덮을지라도 사양하는 마음으로 자기 몸을 지켜 나가고, 자기의 용기와 힘이 세상을 떨칠지라도 겁내는 마음으로 자기 몸을 지켜 나가고, 아무리 온 천하를 차지할 만큼 부자가 되더라도 항상 겸손한 마음으로 자기 몸을 지켜야 한다."

하였다.

[원문]

子曰 聰明思睿라도 守之以愚하고 功績天下라도 守之以讓하고 勇力振世라도 守之以怯하고 富有四海라도 守之以謙이니라.

睿 밝을예   怯 겁낼겁   謙 겸손할겸

[예담]

중국 오랑캐 나라인 흉노의 이야기이다. 흉노의 묵돌(冒頓)이라면 흉악한 침략자로 알려져 있으나 묵돌에게는 이러한 일화가 있다.

동호(東胡)라는 이웃 나라에서 사신을 보내어,

"귀국에 용마(龍馬)가 있다니 그것을 나에게 주시오."

하고 청해 왔다. 묵돌이 이것을 내주려 하자 좌우 신하들은,

"그것은 국보인데 어찌 경솔히 내주신단 말입니까?"

하고 반대했다. 그러나 묵돌은

"아무리 국보라 하지만 그건 한낱 말에 지나지 않는데 왜 그리들 야단인가?"

하고는 내주고 말았다.

이런 일이 있은 후 동호는 묵돌을 만만하게 여기고서 이번에는,

"대왕에게는 비빈(妃嬪)과 희첩(姬妾)이 많다니 한 사람만 양보하여 보내주실 수 없겠습니까?"

하고 청해 왔다. 이번에도 신하들은,

"이것은 우리 국왕을 모욕하는 언사이니 그대로 들을 수 없습니다."

하고 펄펄 뛰었으나 묵돌은,

"그건 한낱 천한 첩에 관한 일인데 과히 시끄럽게 생각할 것이 없다."

하고는 미희(美姬) 하나를 화장시켜 내주는 것이었다.

이번에 또 동호는,

"두 나라 사이에 있는 토지를 달라!"

하고 강요했다. 좌우의 신하들은 이번에는 차라리,

"그까짓 불모의 땅을 좀 주기로서니 상관없을 것 같습니다."

하고 으레 묵돌이 그것을 내주려니 했으나 일은 딴판이었다.

"아무리 불모의 땅이라도 내 나라 땅인데 나라의 땅을 어찌 한 치인들 남에게 내줄 수가 있겠는가?"

이렇게 역정을 낸 묵돌은 불시에 군사를 동원시켜 질풍신뢰(疾風迅雷)처럼 동호를 공격하니, 예상치도 못한 의외의 일을 당하는 일이고 아무런 준비도 없던 터라 동호는 그대로 앉아서 망하고 말았다. 남에게 교만하거나 남을 업신여기면 망하는 법이다. 이것은 나라나 개인이나 마찬가지인 것이니, 어찌 조심하지 않을 수 있으리오?

〈소서(素書)〉에 이르기를,

"자기는 주는 것을 박하게 하면서 후하게 받으려고 바라는 사람은 자기에게 돌아오는 보답이 없고, 자기 몸이 귀하게 된 뒤에 천했을 때 일을 잊어 버리는 사람은 그 지위가 오래가지 못한다."

하였다.

[원문]
素書에 云 薄施厚望者는 不報하고 貴而忘賤者는 不久니라.
　素 흴소

[주석]
소서(素書) 한나라 황석공(黃石公)이 지었다 하나 지금 세상에 있는 것은 후세의 사람이 지은 것으로 그 저자는 분명치 않다.

"자기가 은혜를 베풀었거든 그것을 갚기를 바라지 말고, 남에게 물건을 주었거든 뒤에 뉘우치지 말라."

[원문]
施恩勿求報하고 與人勿追悔니라.

손사막(孫思邈)이 말하기를,
"담력은 크게 갖고자 하더라도 마음만은 작은 듯 항상 조심스럽게 하고, 지혜는 넓고 둥글게 갖고자 하더라도 행동하는 것은 반듯하게 해야 한다."
하였다.

[원문]
孫思邈이 曰 膽欲大而心欲小하고 知欲圓而行欲方이니라.

　　邈 멀 막　　　膽 쓸개 담　　　圓 둥글 원

[주석]
손사막(孫思邈) 당나라 사람으로 도교를 믿었고 의술이 유명했다.

"긴장한 생각은 마치 전쟁에 나아가는 날과 같이 하고, 몸조심하기는 항상 다리를 건너가는 때와 같이 하라."

[원문]

念念要如臨戰日이요 心心常似過橋時니라.

　　橋 다리 교

"법을 무서워하면 언제나 즐거운 것이요, 일을 속이면 날마다 근심이 되는 것이다."

[원문]

懼法朝朝樂이요 欺公日日憂라.

　　懼 두려울 구

주문공(朱文公)이 말하기를,

"입 지키기를 마치 병마개 막아 놓은 듯하고, 욕심을 막기를 성을 막듯할 것이다."

하였다.

[원문]

朱子曰 守口如瓶이요 防意如城이니라.

　　瓶 병 병　　防 막을 방

[주석]

주문공(朱文公) 이름은 희(熹), 자는 원회(元晦). 문공(文公)은 그의 시호. 남송(南宋)의 유명한 학자로서 근세유학(近世儒學)인 성리학을 크게 이루었다(1130~1200).

"자기 마음으로 남을 저버림이 없다면 얼굴에 부끄러운 빛이 없을 것이다."

[원문]

心不負人이면 面無慙色이니라.

負 질 부   慙 부끄러울 참

"사람은 백 살 사는 사람이 없는데 공연히 천 년의 계획을 세운다."

[원문]

人無百歲人이나 枉作千年計니라.

枉 굽을 왕

구래공(寇萊公)이 〈육회명(六悔銘)〉에 말하기를,
"벼슬할 때에 사사로운 욕심을 채우고 보면 벼슬에서 내려올 때 이것을 뉘우치게 되고, 부자로 살 때에 검소하게 쓰지 않고 보면 가난하게 되었을 때 이를 뉘우치게 되고, 젊었을 때 재주를 배우지 않고 보면 이 시기가 지나고 나서 후회하게 된다. 일을 보고 배우지 않으면 학문을 사용하게 되었을 때 후회하게 되고, 술 취했을 때 아무 말이나 했다가는 깨어난 뒤에 뉘우치게 되고, 몸이 건강할 때에 쉬지 않았다가는 병든 뒤에 후회하게 된다."

하였다.

寇萊公이 六悔銘에 曰 官行私曲失時悔요 富不儉用貧時悔요 藝不少學過時
悔요 見事不學用時悔요 醉後狂言醒時悔요 安不將息病時悔니라.

寇 도둑구   萊 쑥래   醉 취할취   狂 미칠광   醒 깰성

[주석]
구래공(寇萊公) 이름은 준(準). 북송 진종(眞宗) 때의 재상.

♡

〈익지서〉에 이르기를,

"차라리 아무 연고가 없이 집이 가난하게 지낼지언정 연고가 있으
면서 집이 부자가 되지는 말 것이요, 차라리 아무런 연고가 없이 초
가집에 살지언정 연고가 있으면서 훌륭한 집에 살지 말 것이요, 차
라리 몸에 병이 없이 조밥을 먹고살지언정 병 때문에 좋은 약을 먹
지는 않을 것이다."
하였다.

[원문]

益智書에 云 寧無事而家貧이언정 莫有事而家富요 寧無事而住茅屋이언정
不有事而住金屋이요 寧無病而食糲飯이언정 不有病而服良藥이니라.

茅 띠모   糲 추할추   服 옷복

♡

"마음이 편안하면 아무리 초가집에 살고 있어도 이것이 편안하고

성품이 안정되면 나물국을 먹어도 오히려 향기가 난다."

[원문]
心安茅屋穩이요 性定菜羹香이니라.

穩 편안할 온   羹 국 갱

〈경행록〉에 이르기를,
"남을 잘 꾸짖는 사람은 사람과 사귀는 것을 온전히 하지 못하고, 자기 잘못을 곧잘 용서하는 사람은 끝내 허물을 고치지 못한다."
하였다.

[원문]
景行錄에 云 責人者는 不全交요 自恕者는 不改過니라.

"아침에 일찍 일어나서 밤에 잘 때까지 자기가 충성하고 효도할 것을 생각하는 사람은 이런 것을 남이 비록 알아주지 않더라도 하늘이 반드시 알 것이요, 좋은 음식을 배부르게 먹고 따뜻한 옷을 입고서 만족스럽게 자기 한 몸만 위하는 사람은, 자기 몸은 비록 편안할지는 몰라도 그 자손의 앞날에 대해서 어찌될 것인지 알겠는가?"
하였다.

[원문]

夙興夜寢하여 所思忠孝者는 人雖不知나 天必知之요 飽食煖衣하여 怡然自
衛者는 身雖安이나 其如子孫에 何오.

　　夙 일찍숙　　飽 배부를포　　煖 더울난　　怡 기쁠이　　衛 호위할위

"제 아내나 자식을 사랑하는 마음을 가지고 제 부모를 섬긴다고 하
면 그 사람의 효도는 그야말로 더 이를 나위 없이 극진한 것이 될 것
이고, 자기가 차지하고 있는 부귀를 보존하는 그 마음을 가지고 나
라의 임금을 받든다고 한다면 충성 아닌 때가 없을 것이다. 또 남의
잘못을 책망하는 마음을 가지고 자기 몸을 책망한다면 허물이 적을
것이고, 자기 몸을 용서하는 마음으로 남을 용서한다면 그 사귐은
온전할 것이다."
하였다.

[원문]

以愛妻子之心으로 事親이면 則曲盡其孝요 以保富貴之心으로 奉君이면 則
無往不忠이요 以責人之心으로 責己면 則寡過요 以恕己之心으로 恕人이면
則全交니라.

　　寡 적을 과

"네가 계획하는 것이 옳지 못하다면 뒤에 뉘우친들 무슨 소용이 있
으며, 네 소견이 훌륭하지 못하다면 그것을 가르쳐 준들 무슨 유익

한 점이 있겠는가? 온전히 이익을 취할 마음만 갖는다면 이는 올바른 도리에 어긋나는 것이고, 자기의 사사로운 뜻이 굳고 보면 공적인 일과 사사로운 일을 망치는 것이다."

[원문]
爾謨不臧이면 悔之何及이며 爾見不長이면 敎之何益이리오. 利心專則背道요 私意確則滅公이니라.

臧 착할 장   背 등 배, 어긋날 배   確 확실할 확   滅 멸할 멸

"일이란 만들면 더 생기는 것이고 줄이면 적어지는 것이다."

[원문]
生事事生하고 省事事省이니라.

省 살필 성, 줄일 성

[총론]
사람은 언제나 겸손함과 양보와 남을 용서하는 마음으로 세상을 대해야한다. 그리고 자신의 행동에 대해서는 관용을 베풀어서는 안 된다. 자기에게 잘못이 있는지 늘 반성하여 조금도 후회함이 없도록 노력해야 한다. 또한 매사를 운명에 순종하고 어기지 말라. 가난을 이기는 생활에 만족하라는 교훈이 이 존심편(存心篇)의 줄거리이다.

〈경행록〉에 이르기를,

"사람의 성품은 물과 같아서 한 번 엎질러지면 다시 담을 수 없다.

성품도 한 번 방종해지고 보면 다시 본 마음으로 돌아올 수 없는 것

이다. 그렇기 때문에 물을 막으려면 반드시 둑을 쌓아서 막아야 하

고 성품을 바로잡으려면 반드시 예법으로 억제해야 한다."

하였다.

[원문]

景行錄에 云 人性이 如水하여 水一傾則不可復이요 性一縱則不可反이니
制水者는 必以堤防이요 制性者는 必以禮法이니라.

　傾 기울어질 경　　縱 놓을 종, 방종할 종　　堤 둑 제

중국 한나라 무제(武帝) 때 이야기다.

주매신(朱買臣)이란 사람은 집이 어찌나 가난하던지 나이 마흔에 손수 나무를 베어다가 팔아서 겨우 먹고사는 하는 형편이었다. 그러나 그는 글읽기를 좋아해서 산으로 나무를 하러 가거나 장터로 나무를 팔러 가거나 쉴 때마다 언제나 책을 읽었고, 길을 걸으면서도 언제나 책을 읽으면서 걸었다. 나무 지게를 지고 책을 읽으면서 다니는 꼴이 우습기도 하고 미친 사람 같기도 해서 어린아이들은 주매신의 이러한 모습을 보고 수십 명씩 모여들어 조롱하곤 했다.

어느 날 그의 아내가 우연히 밖에 나갔다가 이러한 모습을 보고 몹시 창피하게 생각했던지 남편이 집에 돌아오자마자 큰소리로 욕설을 퍼부어댄다.

"여보! 나무를 팔면 나무나 팔 일이지 왜 책은 길거리에서 읽고 다니는 거예요? 당신은 어린애들이 놀려대는 게 창피하지도 않아요?"

그러나 주매신은 대수롭지 않게 대답한다.

"허 참! 나무는 등에 졌고 책은 손으로 들고 읽는데 무슨 상관이 있단 말이요? 나는 공부가 아직 미숙해서 공명을 이루지 못했기에 죽을 각오로 글을 읽으려는 것인데 창피가 무슨 창피란 말이요?"

주매신의 고집은 대단하여 아내의 반대에도 불구하고 그 이튿날도 여전히 글을 읽으면서 산으로 올라갔다. 며칠 동안 이 행동을 보고만 있던 그의 아내는 더 이상 참을 수 없어 남편에게 이혼을 요구했다.

"난 아무래도 창피해서 당신과 살 수 없으니 다른 곳으로 가겠어요. 당신은 당신대로 살아요."

"여보, 부인! 그게 무슨 말이오? 이건 모두 장래에 우리가 잘 살기 위해서 하는 고생인데 조금만 참고 견디어 봅시다. 용하다는 사주쟁이가 그러는데 나도 쉰 살만 되면 출세를 한다 하니 몇 해만 참아 봅시다."

"원 별놈의 사주쟁이가 다 있네. 나이 마흔이 넘어서도 이 모양인데 언제 출세를 한단 말이예요. 모두 부질없는 말이니 나는 나 갈 데로 가겠어요."

이리하여 그 부인은 남편의 애끓는 만류를 뒤로 한 채 홀연히 떠나고 말았다. 그 후 주매신은 그의 나이 50세에 과거에 급제하고 이내 벼슬길에 올라 회계태수(會稽太守)로 부임하게 되었다.

이때 회계(會稽)에서는 새로 부임하는 태수를 맞이하느라 고을 안을 청소하고 길을 닦고 야단이었다. 주매신의 전 아내의 남편도 길을 닦고 있었는데 때마침 그 아내가 점심밥을 가지고 나왔다가 태수의 행차가 지나자 부끄러운 마음에 옆으로 숨었건만 태수는 어느 틈에 옛날 아내의 모습을 보았다.

태수는 잠시 수레를 멈추어 옛 아내를 수레 뒤에 싣고 관아로 들어갔다. 태수는 그 아내가 지난날의 잘못은 있지만 지금껏 수절하고 산다면 다시 맞이할 생각마저 가졌었는지 모른다. 그러나 그 여인에게 새로운 남편이 있단 말을 듣고 웃으면서,

"그렇다면 하는 수 없소. 나가서 잘 사시오."

라고 말하며 돌려보냈다.

그 여인은 울며불며 다시 살기를 애원했다. 태수는 하인을 불러 물 한 동이를 떠 오라 하여 옛 부인 앞에 물을 쏟고 나서,

"자! 이 물을 다시 퍼 담아서 한 동이가 찬다면 우리는 다시 부부가 될

수 있소."

하고 말했다.

엎지른 물이 다시 담아질 리가 없다. 태수는 다시 말하는 것이었다.

"사람이 한 번 잘못을 저지르면 일을 바로잡을 수 없는 것이 마치 저 엎지른 물과 같은 것이오. 부인은 소원대로 나와 헤어졌으니 이제 무슨 근심이 있겠소?"

"한때의 화나는 것을 참아 이기고 보면 앞으로 백 일 동안 근심할 것을 면하게 된다."

[원문]

忍一時之忿이면 免百日之憂니라.

　忍 참을 인

[예담]

초나라 장왕(莊王)이 연회를 베풀어 신하들과 함께 술을 마시며 즐기던 어느 날 밤의 일이었다.

술이 여러 술잔을 돌아 바야흐로 주흥이 도도하고 흥취가 한창일 즈음 갑자기 촛불이 꺼져 방 안이 깜깜해지고 말았다. 이때 왕의 곁에는 애첩이 그를 모시고 술을 권하고 있었는데 주위가 깜깜하여 바로 옆 사람도 분별할 수가 없었다. 이런 틈을 타서 어느 신하 하나가 왕의 애첩에게 입을 맞추었다. 왕의 애첩은 너무도 불시에 당하는 일이라 엉겁결에 그 신하의 갓끈을 잡아채고 급히 왕에게 아뢰었다.

"불이 꺼진 틈을 타서 어느 무례한 놈이 소첩에게 해괴한 짓을 하였사옵니다. 소첩이 그 놈의 갓끈을 떼었사오니 빨리 불을 켜고 그 놈을 잡아 엄벌하여 주시옵소서."

이 말을 들은 왕은 큰 소리로,

"지금 이 자리에 모인 모든 사람들은 모두 갓끈을 뗄지어다. 만일 갓끈을 떼지 않은 사람이 있으면 크게 벌하리라."

하고 명을 내렸다. 왕의 명이 떨어지기가 무섭게 그 자리에 참석한 모든 신하들은 하나도 빠짐없이 갓끈을 떼어 버렸다. 나중에 불을 켰으나 누가 왕의 애첩에게 입을 맞춘 사람인지 가려낼 수 없었음은 물론이다.

이런 일이 있은 지 2년이 지난 후 진(晉)나라가 초나라로 쳐들어왔다. 군력이 초나라보다 훨씬 강한 진나라는 싸우는 곳마다 초나라 군사를 무찌르고 승승장구 진격을 거듭하여 초나라의 운명은 바람 앞의 등불처럼 위급한 지경에 처하게 되었다.

초나라 장왕은 하늘을 우러러 탄식할 뿐 어찌할 바를 모르고 있는데 갑자기 진나라 군사의 진중이 어지러워지더니 한 장수가 달려들어 진나라 장수를 차례로 베고 헤쳐 나가니, 진나라 군사는 크게 패하여 많은 군사를 잃고 길을 다투어 도망가기에 바빴다. 진나라 군사를 쳐 멀리까지 쫓아 보낸 그 장수는 다시 돌아와 왕 앞에 무릎을 꿇었다.

왕은 뜻밖의 일에 놀라서 입을 열지 못하다가 한참 후에야,

"그대는 대체 누구인데 이런 위급한 상황에 나를 도와 적을 무찔렀는가?"

"예, 아뢰옵기 황송하오나 수년 전 연회 석상에서 갓끈 뗀 일을 기억하고 계시옵니까? 바로 신이 그때 죄를 지은 놈이옵니다."

그 장수는 머리를 땅에 조아리며 그때 자기의 지은 죄를 벌하여 줄 것을

말하며, 자기는 그 길로 산에 들어가 왕을 위하여 보답할 일을 생각하고 무술을 익혀 오던 중 오늘과 같은 일을 하게 되었다는 것이다.

그 장수의 말을 듣고 난 왕은 그의 손을 잡아 일으켜 공을 치하하고 후한 상을 주었다. 2년 전 초나라 장왕이 잠시 동안의 분을 참지 못하고 애첩의 입을 맞춘 그를 잡아 처벌했던들 오늘의 위기를 면할 길이 없었을 것이다. 초나라 장왕은 일시의 화를 참음으로써 자신의 몸을 안전하게 하였음은 물론, 나아가 나라의 근심을 물리칠 수 있었다.

戒

"참을 수 있는 대로 또 참아 이기고 경계할 수 있는 대로 경계하라. 만일 모든 일을 참지 않고 경계하지 않는다면 조그만 일이라도 걷잡을 수 없이 커지는 것이다."

[원문]
得忍且忍이오 得戒且戒하라. 不忍不戒면 小事成大니라.

戒

"어리석고 흐린 사람이 남을 꾸짖고 성내고 하는 것은 모두 사리에 밝지 못한 까닭이다. 마음 위에 일어나는 분노를 더하지 말고 자기에게 거슬리는 말은 오직 귓가의 바람으로 여겨라. 잘하고 잘못하는 것은 집집마다 있는 일이고 덥고 서늘한 것은 곳곳에 있는 것이다. 옳음과 그릇됨은 본래 일정한 모습이 없어서 마침내는 전부가 헛것이 되는 수가 많다."

[원문]

愚濁生嗔怒는 皆因理不通이라. 休添心上火하고 只作耳邊風하라. 長短은
家家有요 炎凉은 處處同이라. 是非無相實하여 究竟摠成空이니라.

添 더할 첨　　炎 더울 염　　竟 마침 경　　摠 모두 총

자장(子張)이 장차 길을 떠나고자 하여 공자께 작별하면서 말하
기를,

"원하건대 몸을 닦는 요점을 한마디로 말씀해 주시기 바랍니다."

하니 공자가 말한다.

"백 가지 모든 행동의 근본은 참는 것이 제일이니라."

자장이 다시 묻는다.

"어떻게 참아야 합니까? 자세히 말씀해 주십시오."

공자가 다시 대답하기를,

"천자가 일을 참으면 온 나라에 해로움이 없을 것이고, 제후가 참으
면 자기가 다스리는 땅이 커질 것이고, 관리가 참으면 제 지위가 올
라갈 것이고, 형제간에 참으면 그 집이 부귀를 누릴 것이고, 부부가
서로 참으면 일생을 함께 해로할 것이고, 친구끼리 서로 참으면 상
대방의 명예를 떨어뜨리지 않을 것이고, 자신이 혼자서 참으면 화가
없을 것이다."

하였다.

子張이 欲行에 辭於夫子할새 願賜一言爲修身美한대 子曰 百行之本이 忍
之爲上이니라. 子張이 曰 何爲忍之니. 子曰 天子忍之면 國無害하고 諸侯
忍之면 成其大하고 官吏忍之면 進其位하고 兄弟忍之면 家富貴하고 夫妻
忍之면 終其世하고 朋友忍之면 名不廢하고 自身忍之면 無禍害니라.

賜 줄 사   侯 임금 후   吏 아전 리   廢 폐할 폐

[주석]
자장(子張) 성은 전손(顓孫), 이름은 사(師), 자장(子張)은 그의 자(字). 공자의 제자로
서 특히 언변이 뛰어났다.
천자(天子) 황제의 별칭.
제후(諸侯) 중국 봉건시대에 천자(天子)로부터 봉토를 받은 여러 임금.

자장이 다시 묻기를,

"만일 참지 않는다면 어떻게 됩니까?"

하니 공자가 대답한다.

"천자의 몸으로서 참지 않는다면 온 나라 안이 빈터가 되어 버릴 것
이고, 제후가 참지 않으면 자기 몸뚱이까지 없어질 것이다. 관리의
신분으로서 만일 참지 않는다면 매사에 법에 걸려 죽게 될 것이고,
형제끼리 참지 않는다면 자식을 외롭게 할 것이다. 친구끼리 참지
않는다면 인정과 의리가 소홀해질 것이고, 자기 자신이 참지 않으면
근심이 없어지지 않을 것이다."

자장이 감탄해 말하기를,

"참 좋으신 말씀입니다. 참는 것이란 참으로 어렵고 또 어려운 것이군요. 그러하오니 사람이 아니면 참지 못할 것이요, 또한 참지 않는다면 사람이 아닐 것입니다."

하였다.

[원문]

子張이 問 不忍則如何니. 子曰 天子不忍이면 國空虛하고 諸侯不忍이면 喪其軀하고 官吏不忍이면 刑法誅하고 兄弟不忍이면 各分居하고 夫妻不忍이면 令子孤하고 朋友不忍이면 情意疎하고 自身不忍이면 患不除니라. 子張이 曰 善哉善哉라 難忍難忍이여 非人이면 不忍이요 不忍이면 非人이로다.

　　軀 몸구　　孤 외로울고　　疎 성길소

〈경행록〉에 이르기를,

"자기 몸을 굽힐 줄 아는 사람은 능히 중요한 위치에 있을 수 있고, 남을 이기는 것을 좋아하는 사람은 반드시 적을 만나게 된다."

하였다.

[원문]

景行錄에 云 屈己者는 能處重하고 好勝者는 必遇敵이니라.

　　遇 만날 우

"나쁜 사람이 착한 사람을 욕하더라도 착한 사람은 전혀 상대를 하

지 않을 것이다. 상대를 하지 않으면 마음이 맑고 한가로울 것이요,
욕하는 자의 입은 공연히 뜨거워서 열이 끓어오를 것이다. 마치 사
람이 하늘에 침 뱉는 것 같아서 다시 제 몸에 떨어지는 것과 같다.”
하였다.

[원문]
惡人이 罵善人이거든 善人은 摠不對라. 不對心淸閒이요 罵者는 口熱沸니
라. 正如人唾天하여 還從己身墜니라.

　　罵 꾸짖을 매　　沸 끓을 비　　唾 침 뱉을 타　　墜 떨어질 추

“내가 만일 남에게 욕을 먹더라도 일부러 귀먹은 체하여 따지지 말
것이다. 예컨대 이것은 마치 불이 공중에서 타서 끄지 않아도 저절
로 없어지는 것과 같다. 내 마음은 아무렇지도 않은데 네 입술과 혀
만 놀릴 뿐이다.”
하였다.

[원문]
我若被人罵라도 佯聾不分說하라. 譬如心燒空하여 不救自然滅이라. 我心
은 等虛空하거늘 摠爾飜脣舌이니라.

　　譬 비유할 비　　燒 탈 소　　飜 뒤집힐 번　　脣 입술 순　　舌 혀 설

“모든 일에 인정을 베풀어 남겨 두고 보면 앞으로 오는 날에 좋은 낯

으로 나를 대하게 된다."

[원문]
凡事에 留人情이면 後來에 好相見이니라.

[총론]

계성편(戒性篇)에서는 우선 참는 것이 덕이 된다는 것에서부터 시작했다.
사람은 언제나 자기 마음의 불을 꺼서 분노를 누르고 모든 일에 인정을 베
풀도록 해야 한다는 것이다.

참는다는 것이 얼마나 중요한가는 우리들이 흔히 들어오던 옛 이야기로,
중국의 장공예(張公藝)의 고사(故事)가 있다. 장공예는 9대가 한집에서 함
께 살았다는 유명한 사람이다.

이 장공예에게 그 비결을 물었다.

이때 그의 대답은 간단했다.

"9대를 함께 사는 동안 나의 비결은 오로지 가슴 속에 참을 인자 백 개를
써서 간직했을 뿐이오."

하는 것이었다.

과연 그의 이 비결은 적중하여 직계·방계의 수백 명 식구가 한집에 살면
서도 한 번도 큰 소리를 내지 않고 화목한 생활을 할 수 있었다.

공자가 말하기를,

"넓게 배워서 뜻을 두텁게 하며 절실하게 질문해서 생각을 가까이 하면 어진 행동이 자연 그 속에 있을 것이다."

하였다.

[원문]

子曰 博學而篤志하고 切問而近思면 仁在其中矣니라.

장자가 말하기를,

"사람이 학문을 배우지 않는 것은 마치 아무런 재주도 없이 하늘에 올라가려고 하는 것과 같고, 배워서 지혜가 훌륭해지면 마치 상서로운 구름을 헤치고 푸른 하늘을 보며 높은 산에 올라가서 천하를 바라보는 것과 같은 상쾌한 기분일 것이다."

하였다.

[원문]

莊子曰 人之不學은 如登天而無術하고 學而智遠이면 如披祥雲而睹靑天하고 登高山而望四海니라.

披 헤칠 피   祥 상서 상   睹 볼 도

〈예기(禮記)〉에 이르기를,

"옥을 다듬지 않고서는 그릇을 만들 수가 없고, 사람은 배우지 않고서는 의를 알지 못한다."

하였다.

[원문]

禮記에 云 玉不琢이면 不成器하고 人不學이면 不知義니라.

琢 다듬을 탁

강태공이 말하기를,

"사람이 세상에 나서 배우지 않으면 마치 어두운 밤중에 다니는 것과 마찬가지이다."

하였다.

太公이 曰 人生不學이면 如冥冥夜行이니라.

[예담]

차윤(車胤)은 중국 진나라 때 이부성(吏部省) 대신을 지낸 사람이다.
그는 어렸을 때 집이 가난하여 몹시 고생을 하였다. 그런 중에도 그는 책읽
기를 좋아하여 낮이나 밤이나 책을 놓으려고 하지 않았다. 그러나 등잔불
을 켤 기름 살 돈이 없어서 얼마나 고민을 했는지 모른다.

  그러던 어느 여름날 저녁 그는 한 가지 묘안을 생각해 내고는 무릎을
치며 기뻐했다. 바로 반딧불이를 많이 모아 주머니에 넣어서 등 대신 쓰
는 것이었다. 그가 살던 남평(南平)이란 곳은 반딧불이로 이름난 고장이
었다. 손강(孫康)이란 사람은 겨울에 눈[雪]빛으로 책을 읽었다는데 그
와 좋은 비교가 될 것이다. 이른바 '형설(螢雪)의 공(功)'이란 말의 유
래다.

한문공(韓文公)이 말하기를,
"사람으로서 옛날과 지금의 사실을 알지 못한다면 말이나 소에 옷
을 입힌 것과 같다."
하였다.

韓文公이 曰 人不通古今이면 馬牛而襟裾니라.

　　襟 옷깃 금　　裾 옷섶 거

[주석]
한문공(韓文公) 이름은 유(愈), 자는 퇴지(退之), 호(號)는 창려(昌黎), 문공(文公)은
시호이다. 중국 당나라 때 유명한 학자로 당송팔대가(唐宋八大家)의 으뜸이며 유학의
부흥을 꾀했고 벼슬이 이부시랑(吏部侍郎)에 이르렀다.

주문공이 말하기를,

"집이 만일 가난하다 하더라도 가난하다고 해서 학문을 포기하지
말아야 할 것이며, 집이 만일 부자로 살더라도 부자라고 해서 학문
을 게을리하지 말 것이다. 가난하더라도 부지런히 배우면 출세할 수
있고, 부자로 살면서도 더욱더 부지런하게 공부하면 이름이 더욱 빛
날 것이다. 오직 배운 사람만이 높이 될 수 있고, 배운 사람치고 성
공 못하는 사람은 보지 못했다. 학문은 곧 몸의 보배요 배운 사람은
또한 이 세상의 귀한 존재이다. 그런 까닭에 배우면 군자가 되고 배
우지 않으면 소인이 되는 것이니 앞으로 배우는 자는 마땅히 저마다
힘쓸 것이다."
하였다.

[원문]
朱文公이 曰 家若貧이라도 不可因貧而廢學이요 家若富라도 不可恃富而怠

學이니라. 貧若勤學이면 可以立身이요 富若勤學이면 名乃光榮이니라. 惟見學者顯達이고 不見學者無成이니라. 學者는 乃身之寶요 學者는 乃世之珍이니라. 是故로 學則乃爲君子요 不學則爲小人이니 後之學者는 宜各勉之니라.

恃 믿을 시　　顯 나타날 현　　珍 보배 진　　勉 힘쓸 면

[예담]

양충의(梁忠義)는 나이 마흔이 되도록 '가' 자 뒷다리도 모르는 까막눈이었다. 그의 할아버지 양눌재(梁訥齋)는 대제학(大提學)으로 당시 제일의 문장이었을 뿐 아니라 정치·경제·군사 등에 막힐 것이 없을 만큼 이름이 높았다. 그러나 양충의는 가감역 초사(假監役初仕)도 못했다.

　그는 같은 나이의 다른 사람들은 문형판서(文衡判書)가 되는데 자기는 대제학의 손자로서 아무데도 쓸모 없는 무식한 자신을 부끄럽게 생각하였다. 또 글을 읽으라는 할아버지 말씀을 어기고 철없이 놀기만 했던 지난날이 한없이 후회스러웠다. 할아버지께도 큰 불효를 저질렀다고 깨달았을 때 그는 눈물을 흘리며 결심했다.

　"내가 문장이 되기 전에는 절대로 이 손을 펴지 않으리라."

　그날부터 왼손을 꽉 쥐고 글을 배우기 시작했다. '하늘 천, 따지' 부터 시작하여 몇 해 동안 불철주야 공부한 결과 드디어 과거에 급제하였다.

　그 뒤에 손을 펴 보니 손톱이 자라서 손바닥을 뚫고 들어가 있었다.

　그의 벼슬은 판서(判書)를 거쳐 좌찬성(左贊成)까지 이르게 되었다.

　그가 북한산성(北漢山城) 중흥사(中興寺)에서 한 해 동안 공부를 한 후 그의 장인에게 글을 보냈는데,

書榻燈光暗, 硯池水色淸,

篁城吾所願, 兼望楮先生

책상에 등잔불 어둡고, 벼룻물에 물빛 맑아라.

황성 땅 내 가고 싶어하는데 아울러 저선생 보고 싶어라.

하였다.

  그 장인은 사위가 뒤늦게 글을 깨우친 것을 보고,

梁忠義四十, 讀書山堂, 嗚呼晚矣.

양충의 나이 마흔에

산당에 와 글을 읽으니

아하! 늦고 늦었도다.

하였다.

휘종황제(徽宗皇帝)가 말하기를,

"배운 사람은 벼와 같고 배우지 않은 사람은 쑥과 같다. 벼와 같은 곡식은 나라의 훌륭한 양식이요 세상의 큰 보배로다. 쑥과 같은 풀은 밭갈이하는 이도 미워하고 김매는 자의 걱정거리로다. 사람이 만일 배우지 않으면 다음날에 마치 담에 얼굴을 대는 듯 속이 답답할 것이니 뉘우쳐도 그때는 이미 늦었을 것이다."
하였다.

徽宗皇帝曰 學者는 如禾如稻하고 不學者는 如蒿如草로다. 如禾如稻兮여
國之精糧이요 世之大寶로다. 如蒿如草兮여 耕者憎嫌하고 鋤者煩惱로다.
他日面墻에 悔之已老니라.

　　徽 아름다울 휘　　　蒿 쑥 호　　　憎 미워할 증　　　嫌 꺼릴 혐　　　鋤 호미 서
　　煩 번거로울 번　　　墻 담 장

[주석]
휘종황제(徽宗皇帝) 중국 북송 제8대 임금. 이름은 길(佶). 예술을 좋아하고 스스로가
유명한 화가였다.

〈논어(論語)〉에 이르기를,

"배울 것은 한이 없으니 따라가지 못하는 것처럼 힘쓰고, 이미 배운
것은 오직 잊을까 두려워할 것이다."

하였다.

[원문]
論語에 云 學如不及이오 惟恐失之니라.

[주석]
논어(論語) 주로 공자의 말과 행한 일을 그가 죽은 뒤에 제자들이 수집해서 편찬한
책. 사서(四書)의 하나로 사서란 논어·맹자(孟子)·중용(中庸)·대학(大學)을 일컫는다.

[총론]
여기서는 어려서부터 부지런히 배워야 한다고 거듭 강조하고 있다. 인간

의 영달이나 완성은 오직 면학에 있는 것이다.

"소년(少年)은 이로(易老)하고 학난성(學難成)하니, 일촌(一村)의 광음(光陰)인들 불가경(不可輕)이라. 지당(池塘)의 춘초몽(春草夢)이 깨기도 전에 계전(墀前)의 오엽(梧葉)들이 이추성(已秋成)이라."

하는 옛 글은 우리들에게 부지런히 공부하라는 것을 요구하고 있지 않은가?

훈자편 訓子篇

〈경행록〉에 이르기를,

"손님이 집에 찾아오지 않으면 가문이 낮아지고, 시서(詩書)를 가르

치지 않으면 자손들이 어리석어지는 것이다."

하였다.

[원문]

景行錄에 云 賓客不來면 門戶俗하고 詩書無敎면 子孫愚니라.

　賓 손빈

[주석]

시서(詩書) 중국의 고전인 〈시경(詩經)〉과 〈서경(書經)〉. 여기서는 학문의 대칭으로

말한 것이다.

장자가 말하기를,

"일이 비록 적더라도 이것을 하지 않고서는 이루지 못할 것이요,

자식이 비록 어질더라도 가르치지 않으면 똑똑한 사람이 되지 못

한다."

하였다.

[원문]

莊子曰 事雖少나 不作이면 不成이요 子雖賢이나 不敎면 不明이니라.

[예담]

세상 사람들은 자식을 낳고 기르기만 어려운 줄 알지, 가르치기가 더욱 어

려운 줄을 모르는 경우가 많다. 옛 사람은 태교라고 해서 뱃속에서부터 가

르쳐야 좋은 사람이 된다고 하였지만, 그와 같이는 못한다 하더라도 자식

을 가르치려면 어려서부터 끊임없는 주의와 성의가 있어야 함은 더 말할

나위도 없다.

　어린아이에게 가장 영향력이 큰 것은 가정뿐 아니라 우선 주위의 환경이

중요하다. 아이들이란 민감해서 모든 환경에 동화되기 쉽다. 그렇기 때문

에 맹모(孟母)의 삼천지교(三遷之敎)라는 것이 여기서 생긴 것이다.

　맹자(孟子)의 어머니는 맹자를 가르치기 위해서 세 번씩이나 이사를 했

다. 처음 이사 가서 살던 곳은 상점가로 사방이 모두 상인들이었다. 이러

한 환경에서 자라게 된 맹자는 자연 상인들이 하는 모습을 배워서,

　"자! 이것 사시오! 이것 사시오!"

하고 외치는 소리를 흉내냈다.

맹자의 어머니가 이곳은 자식 가르칠 곳이 아니라 생각하여 이사를 갔더니 그곳은 마침 상여하는 곳이 가까워 맹자는 상여를 메고 상엿소리 하는 흉내만을 냈다.

이곳도 자식 가르칠 곳이 못 된다고 생각한 맹자의 어머니가 다시 맹자를 데리고 이사를 갔더니 그곳은 가까이에 서당이 있어 맹자는 책을 펴 놓고 글 읽는 시늉을 하는 것이었다.

"옳다! 여기서 살면 자식을 가르칠 만하겠다."

맹자의 어머니는 마음먹고 맹자를 이곳에서 가르쳐 마침내 위대한 아성(亞聖)으로 만들어 놓았다.

"자식이 아무리 어진 바탕을 가졌으나 가르치지 않으면 소용없다."

이것은 참으로 자손의 교육을 권장하는 금언이 아닐 수 없다.

〈한서(漢書)〉에 이르기를,

"상자 속에 황금을 가득히 채워 두는 것이 자식에게 경서(經書) 한 권 가르쳐 주는 것만 못하고, 자식에게 천금을 물려 주는 것이 오히려 그에게 한 가지 재주를 가르쳐 주는 것만 못하다."

하였다.

[원문]
漢書에 云 黃金滿籯이 不如敎子一經이요 賜子千金이 不如敎子一藝니라.

籯 상자 영

[주석]
한서(漢書) 중국 후한 때 반고(班固)가 지은 전한의 역사.
천금(千金) 막대한 돈을 말하는 것으로 1금은 열 냥의 무게. 천금이면 금이 만냥어치
가 되는 셈이다.

"지극한 재미는 글 읽는 것 만한 것이 없고, 지극히 요긴한 일은 아
들 가르치는 것 만한 것이 없다."

[원문]
至樂은 莫如讀書요 至要는 莫如敎子니라.

여형공(呂滎公)이 말하기를,
"집안에 어진 아비와 형이 없고, 밖에 엄한 스승과 벗이 없고서 능히
성공하는 사람은 적다."
하였다.

[원문]
呂滎公이 曰 內無賢父兄하고 外無嚴師友요 而能有成者는 鮮矣니라.

　　滎 물 이름 형　　　嚴 엄할 엄　　　鮮 고울 선, 드물 선

[주석]
여형공(呂滎公) 이름은 희철(希哲), 자는 원명(原明). 중국 북송 때 학자이다.

강태공이 말하기를,

"남자로서 배우지 않으면 장성해서 반드시 완고하고 어리석은 사람이 될 것이며, 여자로서 배우지 않으면 장성해서 반드시 추하고 거친 사람이 될 것이다."

하였다.

[원문]

太公이 曰 男子失敎면 長必頑愚하고 女子失敎면 長必麤疏니라.

　頑 완고할 완

"남자가 장성하거든 풍악과 술 먹는 것을 배우지 말고, 여자가 장성하거든 돌아다니며 놀지 말도록 하라."

[원문]

男年長大면 莫習樂酒하고 女年長大면 莫令遊走니라.

"엄한 아버지는 효도하는 아들을 길러내고, 엄한 어머니는 효도하는 딸을 길러낸다."

[원문]
嚴父는 出孝子하고 嚴母는 出孝女니라.

"귀여운 자식에게는 매를 많이 때리고, 미운 자식에게는 먹을 것을 많이 주느니라."

[원문]
憐兒엔 多興棒하고 憎兒엔 多興食이니라.

憐 어여삐 여길 련　　　棒 몽둥이 봉　　　憎 미울 증

"세상 사람이 모두 구슬과 옥을 사랑하건만 나는 자식과 손자의 어진 것을 사랑한다."

[원문]
人皆愛珠玉하되 我愛子孫賢이라.

[총론]

여기에서는 돈보다도 자녀의 교육이 중요하다는 것과 교육의 방법은 가장 엄격하고 정당해야 한다는 것을 강조한 훌륭한 말들을 열거했다.

"집에 손님이 자주 오지 않으면 그 집이 속된다."

"자식이 아무리 어질더라도 가르치지 않으면 안 된다."

"광주리 가득 돈을 전해 주느니보다는 차라리 책 한 권을 가르쳐 주어라."

"심지어 여자라도 가르치지 않으면 사람이 추해진다."

"한 덩어리 주옥보다도 나는 자손 착한 것을 사랑하노라."

이렇듯 자손 교육의 필요성을 몇 번이고 되풀이하면서 강조하고 있다.

明心寶鑑

〈경행록〉에 이르기를,

"보물은 쓰면 없어지지만 충성과 효도는 할수록 끝이 없는 것이다."

하였다.

[원문]

景行錄에 云 寶貨는 用之有盡하고 忠孝는 享之無窮이니라.

　　貨 재화 화

[예담]

신라 진덕왕(眞德王) 때의 일이다. 신라와 백제는 국경 지대에서 충돌이 잦았다. 이때는 신라가 나라의 기틀이 제대로 잡히지 않은 때라 신라 쪽이 항상 약하였다.

　이번에도 백제군이 기세 등등하여 쳐들어오니 이 싸움 역시 신라에 불리하게 전개되었다. 신라 군사는 전의를 상실하고 달아날 궁리를 하기에만 바빴다.

이때 비녕자(丕寧子)라는 사람이 자기 집 종인 합절(合節)을 부르더니,

"지금 우리 나라가 위급한 지경에 놓였으니 내 가만히 있을 수 없구나. 혼자서라도 적진으로 진격할 것이니 너는 부디 내 아들 거진(舉眞)을 잘 보살펴라. 거진이 비록 나이는 어리지만 아비가 적진에서 죽게 되면 그냥 있지 않을 것이다. 그리되면 부자가 함께 죽는 결과가 될 터이니 남은 식구를 누가 먹여 살리며, 어미는 누가 위로해 주겠느냐? 합절이 네가 거진을 말려 집으로 데리고 가도록 하거라."

하고 당부하고는 칼을 빼 들고 적진으로 달려가 싸우다가 죽었다. 이를 본 거진이 달려나가려 했으나 합절이 말고삐를 잡고 말렸다.

"아버님 말씀을 거역하지 마시고 집으로 돌아가 어머님을 봉양함이 효자의 도리인가 하옵니다."

그러자 거진은,

"어버이가 죽는 것을 보고도 그대로 있는 것이 효란 말인가?"

하고 말을 채찍질하며 나가려 하였으나 합절이 고삐를 잡고 놓지 않으므로 거진은 칼을 들어 합절의 팔을 자르고 달려나가 싸우다 죽고 말았다. 이를 바라보던 합절이,

"이 지경에 이르러 어찌 나 홀로 살 수 있으리요?"

하고 피가 뚝뚝 떨어지는 몸을 이끌고 남은 한 팔로 칼을 휘두르며 적진으로 달려나가 싸우다가 역시 죽고 말았다. 이 광경을 바라보던 신라 군사들이 저마다 분기충천하여 죽음을 각오하고 백제 군사에게 달려들어 싸우니 마침내 승리는 신라의 것이었다. 이 같은 몇 사람의 효자·충신이 뒷날

신라가 삼국을 통일하는 데 원동력이 되었던 것이다.

"집안이 화목하면 가난해도 좋거니와 만일 의리를 지키지 않는다면 부자가 된들 무엇하리요? 오직 효도하는 아들은 하나만 있어도 좋으니 자손이 많아서 무엇에 쓰리오."

[원문]

家和貧也好어니와 不義富如何오. 但存一子孝니 何用子孫多리오.

[예담]

중국 진나라의 배수(裴秀)는 지리학자로서 이름을 떨쳤을 뿐만 아니라 정치가로서도 널리 알려진 사람이다. 그는 어렸을 때 몹시 불행하게 자랐다. 아버지를 일찍 여의고 홀어머니 슬하에서 가난과 싸우며 살아왔다.

한때 어머니와 더불어 한집안 아저씨인 휘(徽)의 집에 가사 더부살이로 있을 때의 일이다. 수의 아저씨 휘는 당대의 부호였으며 사회적으로도 지위가 높았기 때문에 매일같이 찾아오는 손님으로 들끓었다.

이때 수는 겨우 열 살 남짓한 소년이었으나 벌써부터 학문이 뛰어났고, 특히 지리학에서는 아무도 따르기 힘들만큼 조예가 깊었다.

그런 이유 때문에 배휘의 집에 찾아오는 손님들 중에는 일부러 수를 만나 이야기를 나누고 가는 사람까지 있었다. 그런데 이러한 광경을 본 휘의 부인은 은근히 그를 미워하여 수의 어머니를 공연히 혹사시켜 마치 종처럼 부리는 것이었다.

그러나 수의 실력이 점점 빛나기 시작하자 휘를 찾아오는 손님들 중에는

수의 어머니를 찾아 공손히 예를 배풀고,

"훌륭한 아드님을 두셔서 얼마나 기쁘시겠습니까?"

하고 인사하는 사람이 점점 늘어갔다.

이처럼 수의 어머니가 뭇 사람에게 존경을 받게 되자 휘의 부인도 자기의 잘못을 뉘우치고 대우를 달리하기 시작하여 마침내는 일도 하지 않고 편안한 세월을 보냈다.

"착한 아들 하나만 있으면 자손 많은 게 무슨 소용이 있으리요."

정말 절실한 말이다. 배수의 어머니는 착한 아들 수를 두었기에 여러 사람들에게 존경을 받았다.

"아비가 조심하지 않는 것은 자식이 효도하기 때문이요, 남편이 고민하지 않는 것은 아내가 어질기 때문이다. 말이 많아서 실수를 하는 것은 모두 술 먹은 때문이요, 좋은 의리가 끊어져서 친한 사이가 멀어지는 것은 모두 돈 때문인 것이다."

[원문]
父不憂心은 因子孝요 夫無煩惱는 是妻賢이라 言多語失은 皆因酒요 義斷親疎는 只爲錢이니라.

煩 번거로울 번　　惱 번뇌할 뇌

"이미 심상치 않은 이상스러운 즐거움을 가졌거든 앞으로 예측하지 않았던 근심이 생길 것을 준비해야 한다."

[원문]

旣取非常樂이어든 須防不測憂니라.

　測 헤아릴 측

"남에게 사랑을 받거든 욕이 돌아올 것을 미리 생각하고, 편안한 곳에 살거든 앞으로 위험한 일이 있을까 미리 염려할 것이다."

[원문]
得寵思辱하고 居安慮危니라.

　寵 사랑할 총　　慮 생각할 려

[예담]

이시백(李時白)은 인조반정(仁祖反正)의 주역을 맡아 성공시킨 이귀(李貴)의 아들로서 그 또한 젊은 몸으로 아버지와 함께 반정에 참여하여 많은 공을 세웠다. 이때부터 그의 능력이 인정되어 효종 때에는 영의정까지 올랐다. 그가 영의정으로 있을 때의 이야기이다.

　그의 집에는 아주 진귀한 화초 한 그루가 있었는데, 이 소문이 궁궐 안에까지 알려져 하루는 왕이 이 화초를 구경하러 그의 집을 방문하겠다는 말이 전해졌다. 이 소식을 들은 이시백은 적잖이 놀랐다. 그는 즉시 정원으로 달려가더니 손수 꽃나무를 꺾어 버리고 뿌리를 뽑아 버리면서 탄식하는 것이었다.

　"나라 형편이 다사다난한 이때 상감께서 한가로이 화초 금수에 즐거움을 두신단 말인가?"

그는 이처럼 높고 귀한 자리에 있을수록 본분을 깨닫고, 부귀영화에 눈
이 어둡게 되는 것을 크게 경계하였다. 따라서 그의 생활은 언제나 검소
하였고 때로는 일반 백성의 그것과 다를 것이 없을 정도여서 영의정의 신
분으로는 민망할 지경이기도 했다.

항상 이 점을 딱하게 여겨 오던 그의 부인이 하루는 비단 방석을 만들어
그에게 깔도록 하였다. 이것을 본 이시백은 깜짝 놀라 어쩔 줄을 몰라 하
더니 전에 깔던 부들자리[蒲席]를 뜰 아래 깔고 부인에게 방석 위에 앉기
를 권하더니 자기도 마주 앉아 천천히 입을 열었다.

"보잘것없는 내가 귀한 자리에 앉아 있음을 항상 두렵게 생각하거늘 거
기에 다시 사치까지 하면 뒷날에 어찌 된단 말이요? 내게는 이 부들자리
도 오히려 과분하오."

이 말 한 마디로 그가 얼마나 청렴결백한 인물이었던가를 능히 짐작할
수 있다. 우리는 자기의 위치가 귀하게 되었을 때일수록 여기에 현혹됨
없이 몸과 마음을 조심할 것이요, 만일 그렇지 못할 때 그 귀함은 즉시 욕
된 것으로 전락하고 말 것이다.

"자기가 누리고 있는 영화가 가벼우면 욕되는 일이 적고, 자기가 받
는 이익이 크면 클수록 자기가 받는 해도 깊다."

[원문]
榮輕辱淺이오 利重害深이니라.
　淺 얕을 천

공자가 말하기를,

"높은 언덕을 보지 않고서야 어찌 자기가 자빠지는 근심을 알며, 깊은 못에 가보지 않고서야 어찌 물에 빠져 죽는 조심을 알 것이며, 큰 바다에 가보지 않고서야 어찌 풍파가 무섭다는 것을 알 수 있으리오."

하였다.

[원문]

子曰 不觀高崖면 何以知顚墜之患이며 不臨深淵이면 何以知沒溺之患이며
不觀巨海면 何以知風波之患이리오.

　崖 언덕 애　　顚 넘어질 전　　溺 빠질 익　　巨 클 거

"앞으로 오는 일을 알고자 하면 먼저 지나간 일을 잘 살필 것이다."

[원문]

欲知未來면 先察已然이라.

공자가 말하기를,

"맑은 거울은 그 사람의 모양을 살필 수 있을 것이요, 지나간 옛일은 현재의 일을 미루어 알 수가 있는 것이다."

하였다.

[원문]
子曰 明鏡은 所以察形이요 往古는 所以知今이니라.

"지나간 일은 밝기가 마치 거울과 같아서 알기가 쉽고, 앞으로 오는
일은 어둡기가 검은 옻[漆]과 같아서 알 수가 없다."

[원문]
過去事는 明如鏡이오 未來事는 暗似漆이니라.

　　漆 옻 칠

〈경행록〉에 이르기를,
"내일 아침에 생길 일은 오늘 저녁에 꼭 알 수가 없고, 오늘 저녁때
생길 일은 낮에 꼭 알 수가 없다."
하였다.

[원문]
景行錄에 云 明朝之事는 薄暮에 未可必이오 薄暮之事는 晡時에 不可必
이니.

　　晡 신시 포

[주석]
포시(晡時) 신시(申時), 즉 오후 3시~4시경을 말한다.

"하늘에는 예측할 수 없는 바람과 비가 있고, 사람에게는 아침저녁 닥쳐오는 화와 복이 있다."

[원문]
天有不測風雨하고 人有朝夕禍福이니라.

석 자 되는 땅 속 무덤으로 들어가기 전에는 백 년 가는 몸을 지키기가 어렵고, 이미 땅 속으로 들어간 뒤에는 백 년 가는 무덤을 보존하기가 어렵다.

[원문]
未歸三尺土하면 難保百年身이요 已歸三尺土하면 難保百年墳이니라.
　墳 무덤 분

〈경행록〉에 이르기를,

"나무를 잘 기르고 보면 뿌리가 굳어지고 가지와 잎이 무성해서 기둥이나 대들보가 될 만한 재목이 이루어질 것이며, 물을 잘 나오게 한다면 근원이 힘차고 흐름이 길어서 관개(灌漑)에 이로움이 클 것이고, 사람을 잘 기르고 보면 뜻하는 바와 기운이 크고 식견이 밝아서 충의의 선비가 될 것이니 어찌 잘 가르치지 않을 수 있겠는가?"

하였다.

景行錄에 云 木有所養이면 則根本固而枝葉茂하여 棟樑之材成하고 水有所
養이면 則泉源壯而流派長하여 灌漑之利博하고 人有所養이면 則志氣大而
識見明하여 忠義之士出하나니 可不養哉아.

　茂 성할 무　　棟 기둥 동　　樑 들보 량　　派 물갈라질 파　　灌 물댈 관
　漑 물댈 개

"스스로 자기 자신을 믿는 사람은 역시 남도 자기를 믿어 오(吳)와
월(越)나라 사람끼리라도 모두 형제처럼 될 수가 있고, 스스로 자기
를 의심하는 사람은 남도 의심해서 자기 한 몸 이외에는 모두 적국
과 같이 되어 버린다."

自信者는 人亦信之하여 吳越이 皆兄弟요 自疑者는 人亦疑之하여 身外에
皆敵國이니라.

　吳 오나라 오　　越 월나라 월, 건널 월

[주석]
오(吳)·월(越) 모두 중국의 나라 이름. 춘추시대(春秋時代)의 강국들로써 오나라는
지금의 강소성(江蘇省)을 중심으로 한 나라이고, 월나라는 지금의 복건(福建)·절강
(浙江) 등지를 중심으로 한 나라이다. 오나라는 처음 이웃인 월나라를 정복하였으나
얼마 후에 도리어 월나라에게 멸망당하여 오랫동안 원수가 되었던 나라들이다.

"처음부터 의심나는 사람은 쓰지를 말고, 일단 사람을 쓴 이후에는 의심하지 말 것이다."

[원문]
疑人은 莫用하고 用人이면 勿疑니라.

풍간(諷諫)에 이르기를,
"물 속에는 깊이 잠긴 물고기가 있고 하늘가에는 나는 기러기가 있다. 높은 것은 쏘아 잡을 수가 있고 얕은 것은 낚시로 낚을 수가 있으니 오직 사람의 마음만은 지극히 가까운 곳에 있는데 이 지극히 가까운 곳에 있는 사람의 마음이야말로 그 생각을 헤아릴 수가 없다." 하였다.

[원문]
諷諫에 云 水底魚天邊鴈은 高可射兮底可釣어니와 惟有人心咫尺間하여 咫尺人心不可料니라.

諷 풍자할 풍   鴈 기러기 안   射 쏠 사   釣 낚시 조   咫 가까울 지

[주석]
풍간(諷諫) 풍자하는 글.

"호랑이를 그리는 데 가죽은 그릴 수 있어도 그 뼈는 그릴 수가 없고, 사람을 사귀는 데 그 얼굴은 알 수 있어도 마음은 알기 어렵다."

[원문]
畫虎畫皮難畫骨이오 知人知面不知心이니라.

　畫 그림 화

"얼굴을 대하여 서로 말은 하더라도 마음은 천 리나 멀리 있다."

[원문]
對面共話나 心隔千里니라.

"바다는 물이 마르면 마침내 밑바닥을 볼 수 있지만, 사람은 죽은 뒤에도 그 마음을 끝끝내 알 수가 없다."

[원문]
海枯終見底나 人死不知心이니라.

　枯 마를 고

강태공이 말하기를,

"보통 사람은 그 사람의 운명을 미리 판단할 수 없고, 바닷물은 말
[斗]로 될 수가 없다."
하였다.

[원문]
太公이 曰 凡人은 不可逆相이오 海水는 不可斗量이니라.

〈경행록〉에 이르기를,
"남과 원한을 맺는다는 것은 화의 씨를 뿌리는 것이나 마찬가지요,
착한 일을 버려 두고 하지 않는 것이야말로 자기 일을 자기가 해치
는 자이다."
하였다.

[원문]
結怨於人은 謂之種禍요 捨善不爲는 謂之自賊이니라.
　捨　버릴 사

[예담]
고려 때에는 문신을 우대하고 무신을 멸시하는 풍조가 여간 심하지 않
았다. 김돈중(金敦中)은 김부식(金富軾)의 아들로 아버지의 명성과 권
세를 믿어 방자한 일이 많았고, 특히 무신을 깔보고 업신여기는 태도는
이루 말할 수 없었다.
　하루는 김돈중이 무신 정중부(鄭仲夫)를 만나자 골탕먹일 생각으로 그

를 부르더니,

"자네 수염이 참 보기 좋네 그려."

하고 말을 붙이고 그 수염에다가 불을 켜는 것이었다. 나이로 봐도 한참 연장인 정중부로서는 참을 수 없는 모욕이었으나 어찌할 도리 없이 분을 참아야 했다. 그 뒤 무신들이 문신들의 괄시에 견디다 못해 난을 일으키자 평소에 무신들을 업신여기던 문신들이 화를 당하였다. 김돈중이 정중부에게 화를 입은 것은 말할 것도 없다.

원수는 외나무다리에서 만난다고 한다. 남에게 원한을 사면 언젠가는 보복을 당하고 마는 것이 세상 이치인 것이다.

"만일 한편 말만 듣는다면 문득 친한 사람끼리도 서로 헤어지게 될 것이다."

[원문]
若聽一面說이면 便見相離別이니라.

"배부르고 따뜻하게 지내면 공연히 음탕한 마음이 생기게 되고, 배를 주리고 춥게 지내야 도의(道義)의 마음이 생기는 것이다."

[원문]
飽煖엔 思淫慾하고 飢寒엔 發道心이니라.

소광(疎廣)이 말하기를,

"어진 사람이 재물이 많으면 그 뜻을 해치게 되고, 어리석은 사람이 재물이 많으면 그 허물이 더 많이 생기게 된다."

하였다.

[원문]

疎廣이 曰 賢人多財면 則損其志하고 愚人多財면 則益其過니라.

[주석]

소광(疎廣) 자는 중옹(仲翁), 중국 전한 선제(宣帝) 때 사람으로 벼슬이 태부(太傅)에 이르렀으나 이를 사퇴하고 고향으로 돌아가 여생을 한가롭게 보냈다.

"사람이 가난하게 살면 자기의 단점을 알 수가 있고, 복이 돌아오면 마음도 영특해진다."

[원문]

人貧知短이요 福至心靈이니라.

"한 가지 일도 경험하지 않으면 한 가지 지혜도 자라지 않는다."

[원문]

不經一事면 不長一智니라.

"옳다 그르다 하는 것이 온종일 있을지라도 그것을 듣지 않으면 저절로 아무 일이 없다."

[원문]
是非終日有라도 不聽이면 自然無니라.

"나한테 와서 남의 옳고 그른 것을 말하는 사람이야말로 남과 시비를 잘하는 사람이다."

[원문]
來說是非야말로 便是是非人이라.

〈격양시〉에 이르기를,

"한평생 눈썹 찡그리는 화나는 일을 하지 않으면 이 세상에 이를 갈면서 자기를 원망하는 사람은 없을 것이다. 크게 드러난 이름을 어찌 하찮은 돌에 새길 것이랴? 길 가는 사람들이 입으로 전하는 말이 오히려 비석보다 나을 것이다."

하였다.

[원문]
擊壤詩에 云 平生에 不作皺眉事면 世上에 應無切齒人이라. 大名이 豈在鐫
頑石가 路上行人이 口勝碑라.

皺 찡그릴 추   眉 눈썹 미   鐫 새길 전   頑 완고할 완   碑 비석 비

"사향(麝香)을 가졌으면 저절로 향기가 날 것이니 어찌 반드시 바람
부는 데 서서 향기가 풍기기를 바랄 것인가?"

[원문]
有麝自然香이니 何必當風立가.

麝 사향 사

[주석]
사향(麝香) 궁노루의 향낭(香囊)을 말려서 만든 향료. 중국 사천성(四川省)·운남성(雲
男省) 등지에서 난다.

"복이 있다고 다 누리지 말라. 복이 다 되면 몸이 가난하고 궁해지는
법이다. 또 세력이 있다고 그 세력을 끝까지 부리지 말라. 세력이 다
되면 모두 원수가 되어 서로 만나기 마련이다. 복이 있거든 그 복을
항상 아끼고, 세력을 잡거든 몸을 공손히 하라. 사람이 살아가는 데
교만과 사치를 하다 보면 처음에는 좋을지 몰라도 나중에는 반드시
화를 입는 법이다."

有福莫享盡하라. 福盡身貧窮이오 有勢莫使盡하라. 勢盡冤相逢이라. 福兮
常自惜하고 勢兮常自恭하라. 人生驕與侈는 有始多無終이니라.

享 누릴 향   驕 교만할 교   侈 사치할 치   冤 원통할 원

[예담]

신라 제42대 흥덕왕(興德王)이 죽자 왕위 계승 싸움이 일어났다.

균정(均貞)과 제륭(悌隆)과의 싸움에서 균정 편의 대장이었던 김양(金陽)
은 제륭 편의 대장 배훤백(裵萱伯)이 쏜 화살에 다리를 맞아 참패하고 균
정은 전사했다.

균정의 아들 우징(祐徵)은 청해진으로 도망갔다가 다시 공격해 들어갔
다. 이 싸움에서 우징이 이겨 왕위에 오르니 그가 바로 신무왕(神武王)이
다. 이때 배훤백이 김양에게 사로잡혔다. 그러나 김양은 그를 적으로 생
각하지 않았다. 김양이 배훤백에게 취한 태도는 온 신라 사람들을 놀라게
했다.

"내가 네 화살에 맞았지만 너에게는 아무 죄가 없다. 미물인 개도 자기
주인이 아닌 딴 사람을 보면 짖는 법인데 네가 너의 주인 제륭을 위하여 싸
운 것을 어떻게 잘못했다고 말하겠는가? 그러니 나는 너를 벌 줄 수 없다."

과연 많은 사람들을 감동시킬 만한 명언이다.

권세를 잡은 후에 몸을 공손히 하고 교만하지 않으며 참된 도리를 찾
을 줄 아는 마음, 이것이 우리를 행복의 터전으로 안내하는 길잡이가 될
것이다.

왕참정(王參政)의 〈사류명(四留銘)〉에 말하기를,

"다 쓰지 않은 재주를 남겨 두었다가 만물을 창조한 신에게 돌려보내고, 또 다 쓰지 않은 녹봉을 남겨 두었다가 조정에 돌려보내라. 다 쓰지 않은 재물을 남겨 두었다가 백성에게 돌려보내고, 다 쓰지 않은 복을 남겨 두었다가 자손에게 물려주도록 하라."

하였다.

[원문]

王參政 四留銘에 曰 留有餘不盡之巧하여 以還造物하고 留有餘不盡之祿하여 以還朝廷하고 留有餘不盡之財하여 以還百姓하고 留有餘不盡之福하여 以還子孫이니라.

祿 녹록(오늘날의 봉급)　　廷 조정 정

[주석]

왕참정(王參政) 이름은 단(旦). 중국 북송 진종(眞宗) 때의 정치가.
사류명(四留銘) 네 가지 남겨 두고자 하는 말.

"황금 천 냥이 귀할 것이 없고 남의 좋은 말 한마디 듣는 것이 천금보다 나은 것이다."

[원문]

黃金千兩이 未爲貴요 得人一語가 勝千金이니라.

"재주 있는 사람은 아무것도 모르는 사람의 종이요, 고생하는 것은
즐겁게 지낼 날의 근본이다."

[원문]
巧者는 拙之奴요 苦者는 樂之奴니라.

拙 졸할 졸   奴 종 노

"작은 배에는 무거운 물건을 실을 수 없고, 으슥한 길은 혼자서 다니
기 어렵다."

[원문]
小船은 難堪重載요 深逕은 不宜獨行이니라.

載 실을 재   逕 길 경

"황금이 귀한 것이 아니고 편안하고 즐거운 것이 참으로 가치가
있다."

[원문]
黃金이 未是貴요 安樂이 直錢多니라.

直 곧을 직, 값 치

"집에 있을 때 손님을 맞을 줄 모르면 밖에 나갔을 때에 반겨 주는 사람이 적을 것이다."

[원문]
在家에 不會邀賓客이면 出外라야 方知少主人이니라.

   邀 맞을 요   賓 손 빈

"가난하면 시끄러운 시장 터에 살아도 서로 아는 사람이 없고, 부자로 살면 깊은 산 속에 있어도 먼 일가가 찾아온다."

[원문]
貧居鬧市無相識이오 富住深山有遠親이라.

   鬧 시끄러울 뇨

"사람의 의리는 모두 가난한 데서 끊어지는 것이요, 세속 인정은 모르는 동안에 돈 있는 집으로 쏠려 간다."

[원문]
人義는 盡從貧處斷이요 世情은 使向有錢家라.

   斷 끊어질 단

"차라리 밑 빠진 항아리는 막을 수 있어도, 코 아래 가로 있는 것(입)
만은 막기 어렵다."

[원문]
寧塞無底缸이언정 難塞鼻下橫이라.

　缸 항아리 항　　鼻 코 비　　橫 가로 횡

"인정은 모두 군색한 데서 멀어지게 마련이다."

[원문]
人情은 皆爲窘中疎라.

　窘 군색할 군

〈사기(史記)〉에 이르기를,

"하늘에 제사 지내고 사당에 제사 지내는 데도 술이 아니면 신령이
흠향(歆饗)을 하지 않는 것이고, 군신과 친구 사이에도 술이 아니면
여러 사람이 모인 자리가 아름다워지지 않는 것이고, 싸움을 하고
서로 화해를 하는 데도 술이 아니면 성사되지 않는 것이다. 그렇기
때문에 술에는 일을 성사시키고 망치는 것이 있지만, 그렇다고 해서
함부로 마셔서는 안 된다."

하였다.

[원문]

史記에 云 郊天禮廟에 非酒不享이오 君臣朋友에 非酒不美요 鬪爭相和에
非酒不勸이라 故로 酒有成敗나 而不可泛飮之니라.

　　廟 사당묘　　鬪 싸움투　　泛 뜰범, 함부로범

[주석]

사기(史記) 중국 한나라 사마천(司馬遷)이 지은 고대의 역사.

교(郊) 교제(郊祭)를 말한 것으로, 옛날 중국에서 천자(天子)가 성 밖 남쪽 들에 나가
서 하늘을 받드는 제사를 일컫는다.

공자가 말하기를,

"선비가 올바른 도를 배우고자 하면서 나쁜 옷을 입고 거친 밥을 먹
는 것을 부끄러워하는 사람은 그와 더불어 일을 의논할 수가 없다."
하였다.

[원문]

子曰 士志於道而恥惡衣惡食者는 未足與議也니라.

순자가 말하기를,

"선비로서 남을 시기하는 벗이 있으면 어진 친구와 사귈 수가 없

고, 임금으로서 남을 시기하는 신하가 있으면 어진 사람이 오지 않는 것이다."
하였다.

"하늘은 녹(祿)이 없는 사람을 내지 않고, 땅은 이름 없는 풀을 자라게 하지 않는다."

"큰 부자는 하늘에 있고, 작은 부자는 부지런한 데서 나온다."

"집을 일으키는 집 아이는 똥오줌 아끼기를 금과 같이 하고, 집을 망쳐 놓는 집 아이는 돈을 똥처럼 천하게 여겨 써서 없앤다."

[원문]
成家之兒는 惜糞如金하고 敗家之兒는 用金如糞이니라.

소강절 선생이 말하기를,

"한가하게 살면서 내게 아무런 해로울 게 없다고 말하지 말라. 해로울 게 없다고 말하자마자 방해가 생기는 것이다. 입에 시원한 음식을 많이 먹으면 마침내 병이 생기는 법이요, 마음에 기쁜 일이 지나치면 반드시 재앙이 생기는 것이다. 병든 뒤에 좋은 약을 먹는 것보다는 차라리 병이 생기기 전에 예방하는 것만 같지 못하다."
하였다.

[원문]
邵康節先生이 曰 閒居에 愼勿說無妨하라. 纔說無妨便妨이라. 爽口物多終作疾이요 快心事過必有殃이라. 與其病後能腹藥으론 不若病前能自防이니라.

妨 해로울 방   纔 겨우 재   爽 서늘할 상

자동제군(梓潼帝君)의 훈계에 말하기를,

"아무리 신기한 약이라도 원한으로 생긴 병은 고치기 어렵고, 힘들이지 않고 절로 생긴 재물은 운수 나쁜 사람을 잘 살릴 수가 없다. 자기가 일을 만들고서 일이 많다고 원망하지 말고, 사람을 해치고서

남이 자기를 해롭게 한다고 욕하지 말라. 천지간의 모든 일은 저절
로 보답이 있는 것이니 멀게는 자손에게까지 갈 것이고 가깝게는 자
기 몸이 당하게 될 것이다."
하였다.

[원문]
梓潼帝君 垂訓에 曰 妙藥도 難醫冤債病이요. 橫材는 不富命窮人이라. 生
事事生을 君莫怨하고 害人人害를 妙休嗔하라. 天地自然皆有報하니 遠在
兒孫近在身이니라.

   梓 노나무 자   潼 물 이름 동   債 빚 채

"꽃은 지고 나서 다시 피고 피었다가는 다시 지는 법, 비단옷 무명옷
은 철 바꿔 갈아입네. 호화로운 기와집들 항상 부귀하는 것 아니요,
가난한 오막살이 언제까지 쓸쓸하랴. 사람을 돕더라도 하늘 끝까지
올 수 없고 남을 해친다 하더라도 구덩이 속에 밀어 넣지 못하네. 그
대에게 권하노니 모든 일, 하늘을 원망 말라. 저 하늘 뜻 조금도 엷
고 두터움이 없네."

[원문]
花落花開還又落이오 錦衣布衣更換着이라. 豪家도 未必常富貴요 貧家도
未必長寂寞이라. 扶人未必上靑霄요 推人未必塡邱壑이라. 勤君凡事를 莫
怨天하라. 天意於人에 無厚薄이니라.

   換 바꿀 환   豪 호걸 호   扶 붙들 부   霄 하늘 소   塡 메울 전
   壑 구렁 학

"사람의 독사 같은 마음 한스럽고, 하늘의 보는 눈 수레바퀴 같은 걸 누가 알리요? 지난해에 부질없이 동녘 이웃에서 가져온 물건이 오늘은 다시 북쪽 집으로 가버렸네. 의롭지 않은 돈과 재물은 끓는 물에 눈이 녹는 것 같고, 우연히 얻은 땅은 물이 모래를 밀어 덮었네. 만일 간사한 꾀로 생활하는 방법을 삼을 것이라면, 아침에 피었다가 저녁에 지는 꽃과 같이 오래가지 못하리."

[원문]

堪歎人心이 毒如蛇요 誰知天眼이 轉如車요. 去年에 妄取東隣物터니 今日 還歸北舍家라. 無義錢財는 湯潑雪이오 儻來田地는 水推沙라 若將狡譎爲 生計면 恰似朝開暮落花라.

 堪 견딜 감 蛇 뱀 사 潑 증발할 발 儻 혹시 당, 갑자기 당
 狡 간사할 교 譎 속일 휼 恰 흡사할 흡

[예담]

조선 정조 때의 얘기다. 김종수(金鍾秀)는 일찍이 문과에 급제하여 그 벼슬이 영의정에까지 이르렀다.

그가 평양감사로 있을 때 청백한 그의 생활을 보고 감탄하지 않은 사람이 없었다. 그는 결코 사사로운 욕심을 채우는 일이 없었기 때문이다. 평양감사직의 기한이 다 되어 평양을 떠나 서울로 가게 되었을 때, 그를 위한 전별연(餞別宴)이 대동강에서 성대하게 베풀어졌다. 전별연이 절정에 달하자 김종수는 취흥을 돋우느라고 담뱃대로 뱃전을 두드리면서 시조를 읊고 있었다.

눈을 지그시 감고 흥에 겨워 정신을 잃고 있을 때 담뱃대가 슬그머니 강 속으로 빠져 버리고 말았다. 정신을 차린 김종수는 허탈하게 웃고 나서 혼 잣말로,

"그 담뱃대는 내가 평양감사로 있는 동안 애지중지 간직했던 것인데 내 평양을 떠나게 되니 강물이 그것을 알고 빼앗는구나. 감영(監營)의 물건이 니까……."

하는 것이었다.

의롭지 않은 재물은 실로 끓는 물에 눈이 녹는 것처럼 언제 자기에게서 떠나 버릴지 모르는 것이다.

사람이란 언제나 분에 넘치는 물욕 때문에 스스로 화를 부르는 것이다.

"약으로도 정승의 목숨은 연장시킬 수 없고, 돈으로도 자손의 어진 것은 살 수가 없네."

[원문]
無藥可醫卿相壽요 有錢難買子孫賢이라.
　卿 벼슬 경

[주석]
경상(卿相) 정승을 의미하며, 과거 우리 나라 직제에 판서(判書)와 좌의정·영의정을 말한다.

"하루라도 마음 맑으면 하루 동안 신선되네."

[원문]
一日淸閒一日仙이라.

[총론]
성심편(省心篇)은 분량이 너무 많아서 상·하로 나누었다.

상편에서는 우선 '보화보다는 충효를 하라', '불의를 저지르고 부귀를 누리는 것은 오래 가지 못한다' 부터 시작하여 '사람이 배부르면 음욕을 생각하게 되고 가난해야 도심(道心)이 나온다', '부귀를 누리는 집도 항상 이 부귀를 누리지 못할 것이요 가난하다 해서 평생토록 가난한 게 아니다', '세상에는 예측할 수 없는 성쇠와 흥망이 순환하고 있다' 와 같은 여러 가지 훌륭한 말들을 수록하였다.

성심편 省心篇·하

明心寶鑑

진종황제(眞宗皇帝)의 어제(御製)에 말하기를,

"위태로운 것을 알고 험한 것을 알면 법망에 걸릴 까닭이 없을 것이고, 착한 이를 올려 쓰고 어진 이를 천거하고 보면 저절로 내 몸이 편안하게 될 것이다. 어진 것을 풀고 덕을 펴는 것은 곧 대대로 내려가는 영광이요, 질투하는 마음을 품고 원한을 갚는 것은 자손까지 물려주는 근심이 될 것이다. 남을 해치고 자기 몸을 이롭게 하면 끝내 높이 되는 자손을 기를 수 없고, 여러 사람을 해쳐서 자기 집을 이루고 보면 어찌 그렇게 얻은 부귀가 오래 갈 수 있으리오. 이름을 바꾸고 모양을 고치는 것은 모두 교묘한 말재주에서 나오게 된 것이요, 화를 일으켜 자기 몸을 상하게 하는 것은 모두 어질지 못한 데서 생기는 일이로다."

하였다.

眞宗皇帝 御製에 曰 知危識險이면 終無罹網之門이오 擧善薦賢이면 自有
安身之路라. 施仁布德은 乃世代之榮昌이오 懷妬報冤은 與子孫之爲患이
라. 損人利己면 終無顯達雲仍이오 害衆成家면 豈有久長富貴리오 改名異
體는 皆因巧語而生이고 禍起傷衆은 蓋是不仁之召니라.

   罹 걸릴 이   網 그물 망   薦 천거할 천   妬 시기할 투   仍 자손 잉
   蓋 대개 개

[주석]

진종황제(眞宗皇帝) 북송의 제3대 임금으로 이름은 항(恒). 25년간 재위하였다.

어제(御製) 임금이 지은 글.

운잉(雲仍) 먼 자손.

[예담]

맹상군(孟嘗君)은 중국의 전국시대 사람으로 제나라 정승을 지냈다. 그가
덕망이 높고 사람을 예로써 대접한다는 소문이 온 나라에 퍼지자 그에게
몸을 의탁하려는 사람들이 구름처럼 모여들었다. 그래서 맹상군의 식객은
날이 갈수록 늘어나 1천 명을 넘고 2천 명을 지나 마침내는 3천 명의 수를
헤아리게 되었다.

   이 식객 중에 풍완(馮煖)이란 사람이 있었다. 가난에 쪼들려 형편이 말이
아니던 풍완은 맹상군의 소문을 듣고 그 길로 달려와 그의 하인들과 같이
지내게 되었다. 그러나 풍완의 행색이 워낙 초라하고 더러워 하인들도 그
와 같이 있기를 꺼릴 뿐 아니라, 밥도 자기들끼리 따로 먹으며 괄시가 이만
저만이 아니었다.

이처럼 업신여김을 받으며 며칠을 지내던 풍완이 하루는 긴칼을 거문고 삼아 노래를 불렀다.

'장협(長鋏)아! 돌아갈거나? 밥상에 고기 반찬도 없구나.'

이 노래를 들은 맹상군은 자기가 식객들을 제대로 보살피지 않은 것이 아닌가 하고 그 뒤부터 식객들에게 골고루 좋은 반찬을 대접하기에 애를 썼다. 그 후 얼마가 지난 뒤 풍완이 다시 칼을 뜯으며 노래를 불렀다.

"장협아! 돌아갈거나? 출입하는데 수레도 없구나."

이 노래가 맹상군의 귀에 들어가자 즉시 그에게 수레를 마련해 주었다.

여기에 그치지 않고 풍완은 다시 칼을 뜯었다.

"장협아! 돌아갈거나? 집안을 돌봐 줄 이도 없구나."

이렇게 노래함으로써 끼니를 걱정하는 그의 집에 쌀과 나무를 보내 주었다. 보통 사람 같으면 생각도 못할 일이었지만 맹상군은 자기의 지위가 높다는 것은 조금도 염두에 두지 않고 오직 자기 집에 와서 묵는 식객들에게 불편한 점이 있으면 그 즉시 해결해 주기에 온갖 수고로움을 아끼지 않고 어떤 때는 누가 주인이고 누가 식객인지조차 분간하기가 어려울 지경이었다.

이런 일이 있고 얼마 후 맹상군은 설(薛)나라 백성들에게 꾸어 준 돈을 받아 올 사람을 구한다는 통문을 돌렸다.

이를 본 풍완은 자기가 가서 돈을 받아 오겠다고 나섰다.

맹상군은 기꺼이 이를 허락하고는,

"돈을 거둬 들이면 귀한 물건을 구해 가지고 오도록 하게."

하고서는 설나라로 그를 떠나 보냈다.

설나라에 도착한 풍완은 채무자들을 모두 모이게 하고는,

"여러분들의 빚은 모두 탕감해 드린다는 맹상군의 말씀을 전하러 왔으니 그리 아십시오."

하고 소리치고는 그들이 보는 앞에서 채권 증서를 모두 불태워 버렸다.

제나라에 돌아온 풍완은 맹상군에게 이렇게 보고하였다.

"설나라에 가서 사가지고 올 귀한 물건을 백방으로 생각한 끝에 아무리 귀한 보화라도 궁중에 없는 것이 없기에 가장 귀한 의(義)란 물건을 사왔습니다."

자초지종을 듣고난 맹상군은 머리 숙여 풍완에게 감사한 마음을 표하였다.

"진정 의로운 사람이로군!"

그 뒤부터 설나라 사람들의 맹상군에 대한 칭송이 더욱 높아 갔으니, 이는 다 자기 지위의 높음을 방자하게 생각하지 않고 사람을 사람으로 대접한 맹상군의 어진 행실에서 싹터 나온 열매에 불과한 것이었다.

신종황제(神宗皇帝)가 지은 글에서 말하기를,

"올바른 도리로 생긴 재물이 아니면 이것을 멀리하고, 지나친 술은 경계할 것이며, 집을 정할 때는 반드시 이웃을 먼저 가려서 정하고, 친구를 사귈 때에는 언제나 사람을 가려서 사귈 것이다. 또 남을 시기하는 마음을 갖지 말고 남을 헐뜯는 말을 입 밖에 내지 말며, 가까운 일가 중에 가난한 사람이 있거든 이들과 소홀히 지내지 말며, 부귀한 사람을 쓸데없이 두둔할 게 아니다. 언제나 부지런하고 검소한 것을 제일로 삼아 자기의 사욕을 버리고, 겸손하고 화목한 것을 으뜸으로 삼아서 무리를 사랑할 것이다. 항상 지난날의 잘못을 생각하고 언제나 앞날에 허물이 있을까 조심할 것이다. 만약 나의 말을 따르면 나라와 집을 다스려 장구하게 잘 살 수 있을 것이다."

하였다.

[원문]

神宗皇帝 御製에 曰 遠非道之財하고 戒過度之酒하며 居必擇隣하고 交必擇友하며 嫉妬를 勿起於心하고 讒言을 勿宣於口하고 骨肉貧者를 莫疎하고 他人富貴를 莫厚하며 克己는 而勤儉爲先하고 愛衆은 而謙和爲首하며 常思旣往之非하고 每念未來之咎하라. 若依朕之言이면 治國家而可久니라.

　讒 참소할 참　　朕 나 짐

[주석]

신종황제(神宗皇帝) 북송의 제6대 임금으로 이름은 욱(頊).

골육(骨肉) 가까운 일가.

짐(朕) 천자(天子)가 자기를 말할 때 쓰는 말.

[예담]

홍기섭(洪蘷爕)은 젊었을 때 몹시 가난했다. 아침저녁을 못해 먹은 지도 여러 날이 되었다. 그러던 어느 날 계집종이 사랑으로 뛰어오더니 돈 꾸러미를 주인 앞에 내놓으면서 이렇게 말하는 것이었다.

"지금 막 부엌에 나가 보았더니 솥 안에 이게 들어 있지 않겠어요? 이건 아마도 신이 주는 것이 틀림없어요. 7백 냥이나 되는 돈이니 쌀은 물론 나무 몇 바리도 넉넉하게 살 수 있지 않겠어요. 우리도 이제 남부럽지 않게 살게 됐네요."

계집종은 얼마나 기뻤던지 주인 앞에서 이렇게 수다를 떠는 것이었다.

그러나 주인 홍기섭은 깜짝 놀라면서 이렇게 말했다.

"허허! 7백 냥이면 이건 큰돈이로구나. 그 돈에 손도 대지 말고 주인이 찾으러 올 때를 기다리거라. 이것은 반드시 곡절이 있는 돈일 게다."

하더니 돈을 잃은 사람이 있으면 즉시 찾아가라는 방(榜)을 써 붙이고 기다리는 것이었다.

조금 후에 유모(劉某)라는 사람이 찾아와서 그 까닭을 듣고 나더니,

"누가 잃은 돈이면 솥 안에 들어 있을 이치가 있겠소. 이는 반드시 하늘이 주는 것이니 꺼내서 쓰도록 하시오."

한다.

그러나 홍기섭은 이렇게 말했다.

"내 물건이 아닌데 어떻게 내가 함부로 손을 댄단 말이요? 주인이 나타날 때까지 그대로 두겠소."

이 말을 듣고 나자 유모라는 사람은 땅에 고개를 숙이고 엎드려 말했다.

"사실을 말씀드리겠습니다. 어젯밤에 댁에 솥을 훔치려고 부엌에 들어갔더니 여러 날 끼니를 끓이지 못한 듯하여 너무나 초라해 보였습니다. 도둑놈의 마음으로도 주인댁의 가난함을 보고 그냥 지나치기 어려워 다른 곳에서 훔쳐 가지고 왔던 돈을 솥 안에 넣어 두고 갔던 것이니, 돈은 주인 어른께서 마음대로 쓰십시오. 그리고 저는 오늘 이후로는 맹세코 도둑질을 하지 않고 곁에서 모시겠습니다."

홍기섭은 이 말을 듣고 돈을 그에게 내주면서,

"네가 다시 도둑질을 안 하겠다니 그것은 정말 훌륭한 일이지만, 이 돈은 내 물건이 아니니 절대로 쓸 수가 없다."

하고 끝내 받지 않았다.

기섭은 다음해에 과거에 올라 벼슬이 판서(判書)에까지 이르렀고 그 아들 재룡(在龍)은 헌종(憲宗)의 국구(國舅)가 되었다. 유모라는 도둑놈도 마침내 마음을 바르게 고쳐 홍판서를 모시고 살았고 판서의 집 또한 크게 번성하였다.

고종황제(高宗皇帝)가 지은 글에서 말하기를,

"조그만 한 덩어리 불이 능히 산에 가득한 나무를 태울 수 있으며, 짧은 한마디 나쁜 말이 한평생의 덕을 그르칠 수 있다. 몸에 한 벌 누더기 옷을 입더라도 항상 베 짜는 여인의 수고를 생각하고, 하루 세 끼의 밥을 먹더라도 늘 농사짓는 농부의 고생을 생각하라. 진실로 남을 시기하고 구차스럽게 재물을 탐하면 마침내 10년 동안 편안한 법이 없고, 착한 일을 하고 어진 마음을 가지면 반드시 후손에 영화가 있는 것이다. 복이란 착하고 경사스러운 일을 많이 쌓은 사람에게 생기게 마련이고, 거룩한 경지에 들어가서 보통 사람보다 뛰어난 것은 모두 진실한 데서 얻는 것이다."

하였다.

[원문]

高宗皇帝 御製에 曰 一星之火가 能燒萬頃之薪하고 半句非言이 誤損平生之德이라. 身被一褸나 常思織女之勞하고 日食三飱이나 每念農夫之苦하라. 苟貧妬損이면 終無十載安康이오 積善存立이면 必有榮華後裔리라. 福

綠先慶은 多因積行而生이오 入聖超凡은 盡是眞實而得이니라.

薪 섶 신　　襖 실 루, 누더기 루　　飧 밥 손　　裔 자손 예

[주석]
고종황제(高宗皇帝) 이름은 구(構). 금(金)나라가 강북(江北) 지방을 지배하게 되자 남경(南京)에서 황제의 자리에 올라 남송의 첫번째 임금이 되었다.
일성(一星) 하나의 별이란 말로 적은 것을 의미한다.
만경(萬頃) 경(頃)이란 중국 고대의 면적을 표시하는 단위이다. 1경은 오늘날의 면적으로 1만 평에 해당하므로 1만 경이란 매우 넓은 면적을 뜻한다.

왕량(王良)이 말하기를,
"그 나라 임금의 사람됨을 알고자 하거든 먼저 그 신하를 볼 것이요, 그 사람의 인격을 알고자 하거든 먼저 그 사람의 친구를 볼 것이요, 그 아비된 사람의 인격을 알고 싶으면 먼저 그 자식을 볼 것이다. 임금이 거룩하면 신하된 사람은 충성스러울 것이요, 아비가 자식을 사랑하면 자식도 따라서 효도할 것이다."
하였다.

[원문]
王良이 日 欲知其君이면 先視其臣하고 欲知其人이면 先視其友하고 欲知其父면 先視其子니 君聖臣忠하고 父慈子孝니라.

慈 사랑 자

〈공자가어(孔子家語)〉에 이르기를,

"물이 너무 맑으면 물고기가 없고, 사람이 너무 분명히 살피면 친구
가 없다."

하였다.

[원문]

家語에 云 水至淸則無魚하고 人至察則無徒니라.

[주석]

공자가어(孔子家語) 공자가 남긴 언행을 기록한 책. 위나라 왕숙(王肅)이란 사람이 편
찬했다고 한다.

허경종(許敬宗)이 말하기를,

"봄비가 기름처럼 소중하지만 길 가는 사람은 진흙이 튀는 것을 싫
어하고, 가을 달빛이 휘영청 밝지만 도둑놈은 그 밝게 비치는 것을
미워한다."

하였다.

[원문]

許敬宗이 曰 春雨如膏나 行人은 惡其泥濘하고 秋月이 揚輝나 盜者는 惡其
照鑑이니라.

　　泥 진흙 니　　濘 진창 녕　　輝 빛날 휘

〈경행록〉에 이르기를,

"대장부는 착한 것을 분명히 보기 때문에 이름과 절개를 태산보다
도 더 소중히 여기고, 마음을 굳게 쓰기 때문에 죽고 사는 것을 새털
보다도 더 가볍게 여긴다."

[원문]
景行錄 云 大丈夫는 見善明故로 重名節於泰山하고 用心剛故로 輕死生於
鴻毛이라.

　　鴻 기러기 홍

"남의 흉한 일을 마음속으로 민망히 여기고, 남의 착한 것을 즐겁게
여기고, 남의 급한 일을 건져 주고, 남의 위험한 것을 구제해 주어야
한다."

[원문]
悶人之凶하고 樂人之善하고 濟人之急하고 救人之危니라.

　　悶 민망할 민　　濟 건질 제

"자기 눈으로 본 일도 오히려 참인지 거짓인지 분명치 않아 의심이
되는데, 더구나 등뒤에서 남이 말하는 것이야 어찌 이것을 깊이 믿
을 수 있으랴?"

[원문]
經目之事도 猶恐未皆眞이어든 背後之信을 豈足深信이리오.

背 등배   豈 어찌 기

"자기 집 두레박줄이 짧은 것은 한탄하지 않고, 공연히 남의 집 우물
이 깊어서 고생하는 것만 원망한다."

[원문]
不恨自家汲繩短이오 只恨他家苦井深이라.

汲 물 길을 급   繩 줄 승

"정당하지 못한 뇌물을 탐하는 사람이 세상에 가득한데 복 없는 사
람만 법에 걸린다."

[원문]
臟濫滿天下로서 罪拘薄福人이라.

臟 뇌물 받을 장   濫 넘칠 람

"하늘이 만일 떳떳한 것을 고치면 바람 아니면 비가 올 것이고, 사람이 만일 떳떳한 것을 고친다면 앓지 않으면 죽을 것이다."

[원문]
天若改常이면 不風卽雨요 人若改常이면 不病卽死니라.

장원시(壯元詩)에 이르기를,

"국가가 정치를 바르게 하면 하늘 마음도 순할 것이고, 관청이 맑게 일을 하면 백성이 저절로 편안하다. 아내가 어질면 남편의 화가 적을 것이고, 자식이 효도하면 아비의 마음이 너그럽다."

[원문]
壯元詩에 云 國正天心順이오 官淸民自安이라. 妻賢夫禍少요 子孝父心寬이라.

공자가 말하기를,

"나무는 먹줄을 따라 깎으면 곧아질 것이고, 임금은 신하들의 간(諫)하는 말을 좇으면 거룩하게 될 것이다."

[원문]

子曰 木從繩則直하고 君從諫則聖이니라.

　　繩 줄 승

"한 줄기 푸른 산의 경치는 그윽한데, 전 사람이 갈던 밭을 뒷사람이 거두는구나. 뒷사람이 거두는 것을 너무 기뻐하지 말라. 다시 거둘 사람이 앞으로 또 있으리."

[원문]

一派靑山色幽한데 前人田土後人收라. 後人收得莫歡喜하라. 更有收人在後頭니라.

　　幽 그윽할 유　　歡 기쁠 환

[주석]

후두(後頭) 앞으로 올 장래. 이 '後頭' (허우허우)는 중국어식 표현이다. 「頭」는 허사 (虛詞).

소동파(蘇東坡)가 말하기를,

"까닭이 많은 돈을 얻으면 큰 복이 오는 것이 아니라 반드시 큰 화가 있을 것이다."

했다.

蘇東坡曰 無故而得千金이면 不有大福이라 必有大禍니라.

  蘇 소생할소   坡 언덕 파

[주석]

소동파(蘇東坡) 이름은 식(軾), 자는 자첨(子瞻). 북송 때 사람으로 유명한 문장가이며 당송팔대가의 한 사람이다.

[예담]

중국 송나라 때 왕수(王秀)라는 사람이 진평태수(晉平太守)가 되어 부임해 왔다. 부임을 하고 보니 진평(晉平)이란 고을은 토지가 비옥하고 산물이 풍부해서 도처의 돈이 이곳으로 집중되기 때문에 시가지가 번화하고 거상(巨商)들의 출입이 빈번했다. 그러므로 기왕에 이곳 태수로 온 사람이면 누구나 큰 재목을 모아 가지고 가는 것이 통례였다.

  이런 줄을 모르고 부임해 온 왕수는 부임한 지 겨우 일 년을 채우자 사직하고 그 고을을 떠났다.

  주위 사람들이 다음과 같이 물었다.

  "다른 분들은 밀어내도 가지 않으려고 애를 쓰는 진평 고을인데 태수는 왜 이런 좋은 자리를 스스로 마다하십니까?"

  그러나 왕수의 대답은 담담했다.

  "허허…… 이 고을이 그렇게 좋기 때문에 사직하고 가는 것이오. 이 고을은 토지가 기름지고 물화가 풍부해서 사방 돈이 모두 이곳으로 폭주하고 있는 것을 잘 알고 있소. 하지만 사람의 눈을 어둡게 하는 것은 재물이오. 그리고 까닭 없는 재물이 생기고 나면 그 뒤에는 반드시 큰 화가 따라다니는 법이오. 그런 까닭에 옛날부터 지혜 있는 사람이라면 재물에 눈이 어둡지 않기 때문에 화를 면할 수 있는 것이오. 또 이 자리를 탐내는 사람이 많은데, 탐내는 사람이 많으면 자연 시기심이 생기게 마련이고, 시기심이 생기면 중상모략이 따르는 것이니 그것 또한 화를 불러들이는 것이오. 나는 이제 집에 돌아가서 근실하게 농사나 지으면 굶지 않을 텐데 왜 이 자리에 앉아 화를 부른단 말이요."

지금 세상의 관리들도 이런 청렴결백한 아량이 있었으면 하는 마음 간절하다.

"까닭 없는 천금을 얻으면 반드시 큰 화가 찾아온다."

왕수야말로 이러한 이치를 누구보다도 먼저 깨달은 선각자라 아니할 수 없다.

소강절 선생이 말하기를,

"어떤 사람이 와서 어떠한 것이 화가 되고 어떠한 것이 복이 되느냐고 묻기에 대답하기를, 내가 남을 해치면 화가 될 것이고 남이 나를 해치면 오히려 복이 되는 수가 있다고 대답했다."

하였다.

[원문]
邵康節先生이 曰 有人이 來門卜하되 如何是禍福고 我虧人是禍요 人虧我是福이니라.

卜 점 복   虧 헐뜯을 휴, 이지러질 휴

"큰 집 천 칸이 있을지라도 밤에 자기가 누울 곳은 여덟 자[尺]에 지나지 못할 것이요, 좋은 전답이 만 석(石) 거리가 있을지라도 자기가 먹는 곡식은 하루에 두 되[升]밖에 되지 않는다."

[원문]
大廈千間이라도 夜臥八尺이요 身田萬頃이라도 日食二升이니라.

　　厦 큰집하　　　升 되승

"남의 집에 오랫동안 유숙하고 있으면 남들이 천하게 여기는 법이요, 자주 찾아오면 친하던 사이도 오히려 소원해지게 마련이다. 사흘이나 닷새만큼 한 번씩 만나는 것도 오히려 처음 만났을 때만은 못할 것이다."

[원문]
久住令人賤이오 頻來親也疎라. 但看三五日에 相見不如初라.

　　頻 자주빈　　　看 볼간

"목마를 때 한 방울 물을 주면 그것은 단 이슬과도 같고, 취한 뒤에 또 한 잔을 주는 것은 주지 않는 이만 못한 것이다."

渴時一滴은 如甘露하고 醉後添盃는 不如無니라.

滴 떨어질 적   露 이슬 로   添 더할 첨   盃 술잔 배

"술이 사람을 취하게 하는 것이 아니라 사람이 스스로 술을 마셔서 취하는 것이요, 미색이 사람의 마음을 미혹시키는 것이 아니라 스스로 이를 탐해서 미혹되는 것이다."

[원문]

酒不醉人人自醉요 色不迷人人自迷라.

迷 희미할 미

[예담]

최치운(崔致雲)은 강릉 사람으로 자는 백경(伯卿)이요 호는 조은(釣隱)이다. 태종(太宗) 정유년에 생원이 되고 문과에 급제하여 벼슬이 이조참판에 이르렀다. 여러 차례 사신으로 중국에 가서 공적을 쌓고 돌아와 그 공으로 전답과 노비를 하사받았으나 치운은 이를 굳이 사양하여 받지 않고 기꺼이 집에 돌아가서 그 아내에게 말하기를,

"오늘 내가 청한 일이 이루어졌으니 내 마음이 몹시 기쁘구려."

하자 아내가 말하기를,

"임금이 하사하는 것을 사양했으니 복도 없군요."

하였다.

성품이 술을 좋아하여 세종(世宗)이 어찰(御札)을 내려 경계하니 치운은

이것을 벽 양옆에 붙여 놓고 들어오고 나갈 때 보면서 스스로 반성했다. 그러나 밖에 나가 술이 몹시 취해서 집에 돌아오면 땅에 자빠지기 일쑤였다. 그럴 때마다 그 아내가 남편의 머리를 반듯하게 들어 벽을 가리켜 보이면 치운은 아무리 몹시 취했더라도 머리를 책상에 부딪치고 조아려 사죄하는 모양을 하다가 술이 깨면 말하기를,

"내가 전하의 은혜에 감동하여 경계하는 것이 항상 술에 있으나, 다만 술자리에 가기만 하면 이제까지 경계하던 일을 바로 잊고 그대로 취하게 된다."

하였다.

그는 그의 나이 겨우 51세에 죽었다.

일찍이 최상(崔相) 윤덕(潤德)의 종사관(從事官)이 되었을 때 임금의 명에 따라 무원록(無怨錄)에 주(註)를 달게 했다.

아들 응현(應賢)의 호는 수재(睡齋)이며, 단종(端宗) 갑술년에 생원이 되고 문과에 올라 벼슬이 대사헌(大司憲)에 이르렀다. 계림부윤(鷄林府尹)이 되었을 때 다음과 같은 시를 지었다.

티끌 사이 영욕이 몇 번이나 봄을 지났던가?
책상의 책 무너진 가에 흰 무리가 새로워라.
밤중에 승관처럼 고향으로 갈 계획 세우지만,
이튿날 아침이면 또 돌아가지 못하는 사람되네.

"공변(公辨)된 마음이 자기를 위하는 사사로운 마음 같다면 무슨 일

이든지 시비를 가리지 못할 게 없으며, 도리의 마음이 감정의 마음과 같다면 덕을 이룬 지 오랠 것이다."

[원문]
公心이 若此私心이면 何事不辨이며 道念이 若同情念이면 成德多時니라.

　辨 분별할 변

〈주역(周易)〉에 말하기를,
"덕이 적으면서 지위가 높거나 또는 지혜가 적으면서 큰 일을 계획하고 보면 화가 생기지 않는 자 적을 것이다."
하였다.

[원문]
易에 曰 德微而位尊하고 知小而謀大면 無禍者鮮矣니라.

　鮮 고울 선, 드물 선

[주석]
주역(周易) 유학의 경전 중의 하나. 우주의 원리와 인간의 길흉화복을 기록한 책이다.

〈설원(說苑)〉에 말하기를,
"벼슬하는 사람은 자기의 지위가 높아질수록 게을러지고 병은 조금 나은 것이 오히려 더해지는 것이다. 화는 지나치게 게으름을 부리는 데서 생기게 마련이고, 효성은 제 처자를 생각하기 때문에 쇠해지는 것이다. 만일 이러한 네 가지 일을 살핀다면 끝까지 삼가는 것이 처음과 같을 것이다."

하였다.

[원문]
說苑에 曰 官怠於宦成하고 病加於小愈하며 禍生於懈惰하고 孝衰於妻子니 察此四者면 愼終如始니라.

　　苑 나라 동산 원　　宦 벼슬 환　　愈 나을 유　　懈 게으를 해　　惰 게으를 타
　　愼 삼갈 신

[주석]
설원(說苑) 중국 전한 때 유향(劉向)이 지은 책.

그릇에 물건이 가득 차면 넘치는 법이고, 사람에게 운수가 차면 기울어지는 법이다.

[원문]
器滿則溢하고 人滿則虧니라.

　　溢 넘칠 일

한 자가 되는 구슬을 보배로 여기지 말고, 한마디 되는 짧은 시간을 귀중히 여겨라.

[원문]

尺璧이 非寶요 寸陰은 是競이니라.

　璧 구슬 벽　　競 다툴 경

[예담]

조선 광해군(光海君) 때 폐모(廢母)의 의논이 일어나자 영의정 박승종(朴
承宗)은 이를 분연히 반대하고 나섰다.

그 후 광해(光海)가 쫓겨나고 인조(仁祖)가 반정(反正)을 하자 박승종은
그 아들 경기감사(京畿監司) 자흥(自興)과 더불어 긍천(矜川) 삼악사(三嶽
寺)에서 자살하면서 유서를 남겼는데,

　"신하로서 임금을 바로잡지 못하여 오늘 이 지경에 이르렀으니 무슨 면
목으로 지하에 가서 선왕을 뵙겠는가? 차라리 이 목숨을 끊어 천지신명께
사죄하노라."

　하였다.

　승종은 영의정으로 있으면서 항상 주머니 속에 계란 크기 만한 비상(砒
霜)을 넣고 다니며,

　"불행한 때를 만나 어느 때 죽을지 모르니 이것을 미리 준비해 가지고 다
닌다."

　하고 혼자 있을 때면 남몰래 눈물을 흘리고 자탄한 것을 보면, 몸은 비록
영의정으로 최고의 영화를 누렸지만 항상 자살할 각오만은 변치 않았다.

　삼악사(三嶽寺)에 가서 승방에 누워 줄로 목을 매고 줄 끝을 문틈으로 내
보내서 하인들을 시켜 잡아당기라고 하니 하인들은 무릎을 꿇고 엎드려
머리를 조아리면서,

　"하인의 손으로 어찌 상전의 목을 조를 수 있겠습니까? 죽어도 그 일만은

못하겠습니다."

하니 승종은 하인들에게 말하는 것이었다.

"내가 오늘 죽지 않으면 아주 오랜 세월 죄인이 될 것이고, 너희가 나를 죽이지 아니하면 주인을 죄인으로 만드는 충성을 다하지 못한 하인이 될 것이다."

이렇게 준절히 타이르자 하인들은 통곡하면서 어쩔 수 없이 줄을 잡아당겼다. 아들 자홍 역시 같은 방법으로 자살하였다.

자홍은 소인(小人) 이이첨(李爾瞻)의 사위로 처음에 승종과 이첨은 사돈 간이라서 의가 매우 좋았다. 그러다가 승종은 이첨이 폐모의 간계를 품고 있다는 말을 듣고 그 거짓과 진실을 알고자 일부러 이첨을 찾아 대화를 하고 있는데 마침 까마귀 한 마리가 뜰 나뭇가지에 앉아 펄떡이면서 우는 것이었다.

승종이 까마귀를 가리키면서,

"저것이 비록 미물이기는 하나 반포지효(反哺之孝)가 있는 새이니 그대로 둘 수가 없지요."

하였으나 이첨은 묵묵히 아무런 반응도 없었다.

또 얼마 있다가 벌 한 마리가 자리에 날아 들어오는 것을 보고 승종은,

"저것도 비록 미물이기는 하지만 군신의 의리를 천시할 수가 없지요."

하니 이첨은 역시 묵묵히 아무 대답도 없었다.

이에 승종은 이첨의 폐모의 뜻이 굳은 것을 알고 일체 발을 끊고 만나지 않았다. 이러한 박승종은 자신이 최후의 비극을 겪을 것을 알면서도 끝내 은퇴하지 못한 것은 역시 부귀에 대한 미련이 남아서였는지 혹은 임금에 대한 충성 때문이었는지 그것은 의논할 바 아니지만, 그들 부자의

최후를 볼 때에 부귀란 무턱대고 좋은 것만이 아니라는 것을 우리는 다시금 깨닫게 된다.

"양고기 국물이 비록 맛이 좋기는 하지만 여러 사람의 입에 고루고루 맞을 수는 없다."

[원문]
羊羹이 雖美나 衆口는 難調니라.

　羹 국갱

〈익지서〉에 이르기를,

"깨끗한 구슬은 아무리 진흙에 던지더라도 그 빛이 더러워지지 않는 것이고, 군자는 아무리 옳지 못한 곳에 갈지라도 그 마음을 흐려 놓을 수 없는 것이다. 그런 까닭에 소나무나 잣나무는 눈과 서리를 능히 이겨내고, 밝은 지혜가 있는 사람은 곤란하고 위급한 것을 잘 겪어 나가게 마련이다."

하였다.

[원문]
益智書에 云 白玉은 投於泥라도 不能汚滅其色하고 君子는 行於濁也라도 不能染亂其心하나니 故로 松栢은 可以耐雪霜이오 明智는 可以涉難危니라.

　滅 더러울 예　　耐 견딜 내

"산 속에 들어가 호랑이를 잡기는 쉽고, 입을 열어 사람에게 말하기는 몹시 어려운 일이다."

[원문]
入山擒虎易하고 開口告人難이라.

　擒 사로잡을 금

"먼 곳에 있는 물은 가까운 곳에 일어난 화재를 구할 수 없고, 먼 데 있는 일가는 가까운 데 사는 이웃만 못한 것이다."

[원문]
遠水는 不救近火요 遠親은 不如近隣이니라.

강태공이 말하기를,
"해와 달이 제아무리 밝아도 물동이의 밑바닥까지는 비칠 수 없는 것이고, 칼날이 제아무리 날카로워도 죄 없는 사람의 목을 베지 못하는 것이고, 나쁜 재앙이나 빗나가는 화는 행동을 삼가는 사람의 집 문 안에는 들어가지 못하는 법이다."
하였다.

太公이 曰 日月이 雖明이나 不照覆盆之下이고 刀刃이 雖快나 不斬無罪之
人하고 非災橫禍는 不入慎家之門이니라.

　覆 엎어질 복　　盆 동이 분　　刀 칼날 인　　斬 벨 참　　橫 벗어날 횡

강태공이 말하기를,

"좋은 전답이 1만 경이나 되어도 자기 몸에 지닌 용렬한 재주만 못
한 것이다."

하였다.

[원문]

太公이 曰 良田萬頃이 不如薄藝隨身이니라.

　藝 재주 예

〈성리서〉에 이르기를,

"사물을 처리하는 요점은, 내가 하기 싫은 일은 남에게 요구하지 말
것과 자기가 행동해서 소득이 없거든 반성해서 자기 몸에 돌이켜 생
각해 보아야 한다."

하였다.

[원문]

性理書에 云 接物之要는 己所不欲을 勿施於人하고 行有不得이어든 反求

諸己니라.

중국 오나라 연능계자(延陵季子)는 어진 공자(公子)였다.

말을 타고 교외에 놀러 나가다가 무심코 길가에 떨어져 있는 금덩이를 발견했다. 땅에 떨어져 있는 물건을 자기가 줍는다는 것은 옳지 못한 일이라 생각하고 주저할 무렵, 마침 저쪽에서 오는 나무꾼 하나를 발견했다. 그는 다 떨어진 옷에 등에는 나뭇짐을 겼는데, 몹시 가난하고 구차해 보이는 나무꾼이었다.

"여보시오! 저걸 주워 가지고 가시오!"

하면서 길가에 구르고 있는 금덩이를 가리켰다.

그러나 그 나무꾼은 나무 지게를 벗어 놓더니 눈을 부릅뜨고 공자에게 호령한다.

"여보! 당신도 그만한 예의 염치는 알 듯한 사람같이 보이는데 그게 무슨 말이란 말이요. 땅에 떨어져 있는 물건은 필시 임자가 있는 물건, 당신은 주워 갖지 않으면서 왜 나더러 가지라는 거요. 자기가 하고 싶지 않은 일을 남에게 권하다니 젊은 분이 그래 가지고서 뭘 한단 말이요."

공자는 대답할 말이 없었다. 즉시 말에서 내려 사죄하고 그의 이름을 물었으나 나무꾼은 끝내 말하지 않고 가버렸다.

좀 지나친 이야기일는지 모른다. 아무리 자기가 하기 싫은 일은 남에게 권하지 말라고는 했지만, 땅에 떨어진 금덩이를 가지고 이런 대화를 하다니 지금 세상 인심으로는 납득이 가지 않는 이야기다. 하지만 연능계자의 사적에는 분명히 이런 일화가 적혀 있다.

술과 여색과 재물과 기운의 네 가지로 쌓아 놓은 담 안에 잘나고 못난 수많은 사람들이 줄지어 사는 것과 같다. 만일 세상 사람이 이 속에서 뛰어날 수만 있다면 그것은 신선과 마찬가지로 죽지 않는 방법이다.

[원문]
酒色財氣四堵墙에 多少賢愚在內廂이라. 若有世人이 跳得出이면 便是神仙不死方이니라.

　堵 담 도　　廂 행랑 상　　跳 뛸 도　　仙 신선 선

[총론]
이 하편에는 북송의 진종황제·신종황제·고종황제 등 세 임금의 어제(御製)를 모두 수록한 것이 특색이다.

　위험을 알고 인덕을 베풀라, 착하고 어진 이를 천거하고 남을 질투하거나 원한을 갚으려 하지 말라, 자기 것이 아니거나 도의 아닌 재물이거나 정도에 지나친 재물은 탐하지 말라. 그리고 농사짓는 농부와 길쌈하는 여인들의 노고에 감사하라 등에서부터 명절의 중한 것을 강조하고 재물은 보배가 아니라는 것과 주색에 빠지지 말라는 것까지 이야기하고 있다.

　이 성심편(省心篇)이야말로 이 책의 핵심으로서, 분량으로 보아도 전권의 3분의 1 이상을 차지하고 있으며 수록된 내용 또한 다양하게 채록한 데 주목하지 않을 수 없다.

공자가 말하기를,

"몸을 세우는 의는 부모에게 효도하는 것이 근본이요, 장사 지내고 제사 지내는 예법은 슬퍼하는 것이 근본이요, 전쟁에 나아가서 공을 세우는 데는 용맹스러운 것이 근본이요, 정치하는 이치에서는 농사가 근본이요, 국가를 보전하는 도리는 대를 잇게 하는 것이 근본이요, 재물을 얻는 방법에서는 노력하는 것이 근본이다."

하였다.

[원문]

子曰 立身有義하니 而孝爲本이요 喪祀有禮하니 而哀爲本이요 戰陣有列하니 而勇爲本이요 治政有理하니 而農爲本이요 居國有道하니 而嗣爲本이요 生財有時하니 而力爲本이니라.

喪 상사 상   祀 제사 사   嗣 이을 사

〈경행록〉에 이르기를,

"정치하는 요점은 공정한 것과 청렴결백한 것이요, 자기 집을 일으키는 도리는 검소한 것과 부지런한 것이다."

하였다.

[원문]
景行錄에 云 爲政之要는 曰公與淸이오 成家之道는 曰儉與勤이니라.

"글 읽는 것은 집을 일으키는 근본이요, 올바른 이치를 따르는 것은 자기 집을 보전하는 근본이요, 부지런하고 검소한 것은 집을 다스리는 근본이요, 화목하고 순종하는 것은 집안을 평안하게 하는 근본이다."

[원문]
讀書는 起家之本이요 循理는 保家之本이요 勤儉은 治家之本이요 和順은 齊家之本이니라.

    循 따를 순   齊 다스릴 제

[예담]

정유성(鄭維城)이라면 정포은(鄭圃隱) 선생의 9대손으로, 현종(顯宗) 때
의 정승이었다. 그의 손자 제현(齊賢)이 숙휘공주(叔徽公主)에게 장가들
어 인평위(寅平尉)가 되었다.

자기 자신이 대신이요 더욱이 왕실과 혼인까지 해서 집안이 갑자기 혁혁
해진 것을 은근히 마음속으로 걱정한 그는 언제나 근신하고 근검하려고
애썼다.

하루는 공주를 보고 말하기를,

"공주께서는 내 손자의 죽음을 재촉하지 마시오."

하니 공주는 말뜻을 못 알아듣고,

"무슨 말씀이십니까?"

하고 반문하는 것이었다.

이때 정유성은 부드러운 음성으로 말하는 것이었다.

"사람이란 복이 지나치면 재앙이 생기는 법이오. 우리는 대대로 청빈과
근검 속에서 살아왔는데 이제 지나치게 사치가 심하고 보니 이러다가는
불원해서 화가 생길까 걱정이니 좀 자숙해 주시오."

하였다.

그 후에 손자 인평위가 병들어 죽게 되자 공은 그의 거실에 있는 궁중에
서 보내 온 사치스러운 의복과 기구를 보고 나와 탄식하는 것이었다.

"저것들이 필경 내 손자를 죽이고 말았구나!"

올바른 이치를 따르는 것만이 집을 보전하는 근본이 되고 근검하는 것만
이 집을 다스리는 근본이 된다.

공자의 〈삼계도(三計圖)〉에 이르기를,

"일생의 계획은 어릴 때에 있고, 일 년의 계획은 봄에 있고, 하루의
계획은 새벽에 있는 것이니, 어려서 학문을 배우지 않으면 늙어서
아무것도 알지 못하게 될 것이요, 봄에 씨를 뿌리지 않으면 가을이
되어 수확할 가망이 없을 것이요, 새벽에 일찍 일어나지 않는다면
그날 할 일을 판단하지 못할 것이다."

하였다.

[원문]

孔子 三計圖에 云 一生之計는 在於幼하고 一年之計는 在於春하고 一日之
計는 在於寅니 幼而不學이면 老無所知요 春若不耕이면 秋無所望이오 寅
若不起면 日無所辦이니라.

寅 동방 인　　辦 판단할 판

[주석]

삼계도(三計圖) 일생, 일 년, 일일의 세 가지 계획도.

인(寅) 방위는 동쪽. 여기에서는 시간을 말한 것으로 밤 12시를 자시(子時) 정각으로
정하고 2시~3시를 축시(丑時), 4시~5시를 인시(寅時), 6시~7시를 묘시(卯時), 8시
~9시를 진시(辰時), 10시~11시를 사시(巳時), 낮 11시~1시를 오시(午時), 2시~3시
를 미시(未時), 4시~5시를 신시(申時), 6시~7시를 유시(酉時), 10시~11시를 해시
(亥時)로 보면 밤 12시는 다시 자시(子時)가 된다.

〈성리서〉에 이르기를,

"다섯 가지 가르침의 조목이란, 아버지와 자식 사이에는 친함이 있고, 임금과 신하 사이에는 의리가 있고, 남편과 아내 사이에는 분별이 있고, 어른과 아이 사이에는 지켜야 할 차례가 있고, 친구와 친구 사이에는 믿음이 있어야 한다."

하였다.

[원문]

性理書 云 五敎之目은 父子有親하고 君臣有義하고 夫婦有別하고 長幼有序하고 朋友有信이니라.

　序 차례 서

[주석]

오교지목(五敎之目) 여기에 쓴 다섯 가지 가르침이란 곧 오륜(五倫)을 말한 것이다. 유교에서 말하는 삼강(三綱)과 오륜(五倫)은 위에서 이야기한 것이 오륜이고, 삼강은 다음 구절에 나온다.

"세 가지 벼리[三綱]란 임금은 신하의 벼리가 되고, 아버지는 자식의 벼리가 되고, 남편은 아내의 벼리가 되는 것이다."

[원문]

三綱은 君爲臣綱이오 父爲子綱이오 夫爲婦綱이니라.

　綱 벼리 강

벼리(綱) 일의 으뜸이 되는 줄거리. 사람이 행해야 할 도덕.

왕촉(王躅)이 말하기를,

"충성된 신하는 두 임금을 섬기지 않고, 절개가 곧은 여자는 남편을 바꿔 섬기지 않는다."

하였다.

[원문]

王躅이 曰 忠臣은 不事二君이요 烈女는 不更二夫니라.

　　躅 벌레 촉　　　更 고칠 경, 다시 갱

[주석]

왕촉(王躅) 중국 전국시대 때 제나라 사람. 제나라가 이웃 연(燕)나라에 패하게 되자 항복하라는 권고를 받아들이지 않고 자살했다.

[예담]

신라 제19대 눌지왕(訥祇王) 때의 일이다.

눌지왕의 큰 아우 보해(寶海)는 고구려에 볼모로 잡혀가 있고, 막내아우 미해(美海)는 일본에 볼모로 가 있었다. 눌지왕은 항상 두 아우들을 생각하며 눈물로 나날을 보내고 있었다. 이런 눌지왕의 고민을 보고 이 소원을 풀어 주기 위하여 선뜻 나선 사람이 바로 유명한 박제상(朴堤上)이었다.

　박제상은 우선 고구려에 가서 은밀한 수단을 써서 고구려의 총신들을 매

수한 후 조정의 눈을 속여 보해를 데리고 돌아오는 데 성공했다.

그러나 보해를 보자 눌지왕은 더욱 서러워한다.

"이제 보해를 만나 보니 미해 생각이 더욱 간절하구나. 마치 한 몸에 한 팔이나 한 눈만이 있는 것과 같구나."

하면서 눌지왕은 눈물을 흘리는 것이었다. 맛있는 음식을 대해도 아름다운 여인을 보아도 눌지왕의 얼굴에서는 웃음을 찾아볼 수가 없었다. 이것을 보자 박제상은 곧 일본으로 건너갔다. 여기에서도 박제상은 교묘한 수단을 써서 미해를 빼내어 배를 태워 본국으로 돌려보냈으나 자기 자신은 일본 군대에 잡혀 끌려가는 몸이 되었다.

일본 왕은 박제상을 보자 크게 노해서 꾸짖었다.

"내 너희 태자를 예의로 대접해 왔거늘 어찌 감히 이런 짓을 한단 말이냐?"

박제상은 아무런 대답도 하지 않았다.

일본 왕은 뜨거운 무쇠로 박제상의 몸뚱이를 지지는 등 갖은 악형을 저질렀다. 그래도 제상은 조금도 두려워하는 빛이 없이,

"너희들이 아무리 나에게 형벌을 가한다 해도 나는 우리 신라를 위해서 내 맡은 바 책임을 완수했으니 이제 죽음만 남았을 뿐이다. 자! 어서 나를 죽여라!"

하면서 자못 의기 당당하였다.

이것을 본 일본 왕은 그만 그의 의기에 감탄했다. 잠시 형벌을 멈추게 하고 넌지시 말했다.

"네가 만일 우리 일본 신하라고 한마디만 하면 살려 주리라."

그러나 박제상은 눈을 부릅뜨고 일본 왕을 꾸짖는다.

"내 비록 신라의 개나 돼지가 될지언정 어찌 너희 나라의 신하가 되겠느냐?"

결국 박제상은 일본 왕의 극형 끝에 "나는 신라의 신하다!" 라고 외치면서 죽어 갔으니 그 얼마나 거룩한 애국심이었던가?

"충신이 어찌 두 임금을 섬기리요?"

박제상에게서 이 글귀를 다시 한 번 찾아볼 수가 있다.

충자(忠子)가 말하기를,

"국가를 다스리는 데는 공평하게 하는 것이 제일이요, 재물 앞에서는 청렴하게 하는 것이 제일이다."

하였다.

[원문]
忠子曰 治政은 莫若平이고 臨財에 莫若廉이니라.

장사숙(張思叔)의 좌우명(座右銘)에 말하기를,

"모든 말은 반드시 충성되고 신용 있게 해야 하고, 행동은 반드시 돈독하고 공경해야 하며, 음식은 반드시 조심하고 절조 있게 해야 하며, 글씨를 쓰는 데는 반드시 똑똑하고 바르게 써야 한다. 얼굴 모습은 반드시 단정하고 씩씩하게 가져야 하며, 의관은 반드시 반듯하고 엄숙히 해야 하며, 걸음걸이는 반드시 안전하고 점잖게 해야 한다. 거처하는 곳은 반드시 바르고 조용하게 해야 하며, 일하는 것은 반드시 처음에 계획을 세워서 해야 하며, 말을 입 밖에 낼 때에는 반드시 자기가 실천할 것을 생각하고 해야 한다. 항상 마음속에 지니는 덕을 반드시 굳게 가져야 하며, 남에게 일을 허락할 때에는 반드시 그 일의 성패를 소중히 보고해야 한다. 착한 것을 보거든 내가 한 일처럼 여기고, 악한 것을 보거든 내가 잘못한 것처럼 여겨라. 무릇 이 열 네 가지 일은 모두 내가 깊이 살피지 못한 것이기에 이를 자리 오른편에 써 두고 아침저녁으로 보고 경계하노라."

하였다.

[원문]

張思叔座右銘에 曰 凡語를 必忠信하며 凡行을 必篤敬하며 飮食을 必愼節하며 字劃을 必楷正하며 容貌를 必端正하며 衣冠을 必整肅하며 步趨를 必安詳하며 居處를 必正靜하며 作事를 必謀始하며 出言을 必顧行하며 常德을 必固持하며 然諾을 必重應하며 見善如己出하며 見惡如己病하라. 凡此十四者는 皆我未深省이라 書此座右하여 朝夕視爲警하노라.

楷 바를 해, 해서 해   肅 엄숙할 숙   趨 나갈 추   詳 자세할 상
諾 허락할 락   座 자리 좌

[주석]

장사숙(張思叔) 중국 북송 사람으로 정이천(程伊川)의 제자.

범익겸(范益謙)의 좌우명(座右銘)에 말하기를,

"첫째, 정부의 이롭고 해로운 일과 변방의 보고와 누가 벼슬에 임명된 일 등을 말하지 말 것. 둘째, 고을살이하는 관리들의 잘하고 못하는 것을 말하지 말 것. 셋째, 여러 사람들이 악한 일을 하는 것을 말하지 말 것. 넷째, 누가 관직에 임명되었다거나 누가 세력에 아부해서 출세한다는 일 두 가지를 말하지 말 것. 다섯째, 재산이 많고 적은 것이나 가난한 게 싫다거나 부자를 바란다거나 하는 말을 하지 말 것. 여섯째, 음탕하고 난잡스런 말이나 여색에 대한 평판을 하지 말 것. 일곱째, 사람을 찾아가서 술이나 음식을 억지로 달라고 하지 말며, 또 남이 부친 편지가 있으면 이것을 뜯어보거나 묵혀 두지 말며, 사람과 같이 앉았을 때에는 남의 편지를 엿보지 말 것. 또 남의 집에 가서 남의 문자를 보지 말고, 남의 물건을 빌렸거든 이것을 결딴내거나 묵혀 두지 말고, 음식을 먹을 때에는 가려서 먹거나 나쁜 것을 버리거나 하지 말고, 남과 같이 있을 때에는 자기만 편한 것을 취하지 말고, 남의 부귀를 부러워하거나 헐뜯지 말 것, 이러한 여러 가지 일에 대하여 범한 것이 있다면 이것으로 자기 마음쓰는 것이 옳지 못함을 알 것이니, 바른 마음을 갖고 몸을 닦는 데 크게 해로움이 될 것이다. 그렇기 때문에 이것을 써서 스스로 경계하노라."
하였다.

范益謙座右銘에 曰 一不言朝廷利害邊報差除하고 二不言州縣官員長短得

失하고 三不言衆人所作過惡之事하고 四不言仕進官職趨時附勢하고 五不

言財利多少厭貧求福하고 六不言淫媟戱慢評論女色하고 七不言求覓人物干

索酒飮하고 又人付書信을 不可開坼沈滯하고 與人並坐에 不可窺人私書하

고 凡人人家에 不可看人文字하고 凡借人物에 不可損壞不還하고 凡喫飮食

에 不可揀擇去取하고 與人同處에 不可自擇便利하고 凡人富貴를 不可歎羨

詆毁니라. 凡此數事에 有犯之者면 足以見用意之不肖니 於正心修身에 大

有所害라 因書以自警하노라.

媟 거만할 설	覓 찾을 멱	干 방패 간	索 찾을 색	坼 터질 탁
滯 막힐 체	窺 엿볼 규	揀 가릴 간	羨 부끄러워할 선	
詆 꾸짖을 저	毁 헐 훼	肖 착할 초		

주나라 무왕(武王)이 강태공에게 묻는다.

"사람이 세상에 사는데 어찌해서 귀하고 천하거나 가난하고 부자로

사는 차이가 생기는지 이것을 설명해 주시오."

태공이 대답한다.

"부하고 귀한 것은 성인의 덕과 같아서 모두 하늘이 준 운명에 의한

것이긴 하지만, 부자로 사는 사람은 쓰는 것을 절조 있게 쓰고 가난

하게 사는 사람은 그 집에 열 가지 도둑이 있는 까닭입니다."

武王이 問 太公曰 人居世上에 何得富貴貧賤不等고 願聞說之하여 欲知是

矣로다. 太公이 曰 富貴는 如聖人之德하여 皆由天命이나 富者는 用之有節

하고 不富者는 家有十盜니이다.

[주 석]

주나라 무왕(武王) 중국 주나라의 첫 임금인 문왕(文王)의 아들. 이름은 발(發). 은
(殷)나라를 정복하고 주나라를 세워 지금의 섬서성(陝西省) 장안(長安)을 도읍으
로 삼았다.

무왕이 다시 묻는다.

"그 열 가지 도둑이란 무엇을 가리키는 것입니까?"

태공이 대답한다.

"곡식이 익었는데 이것을 거두어들이지 않는다면 이것이 첫째 도둑
입니다. 다음으로는 거두기를 시작했더라도 이것을 창고에 쌓는 것
을 마치지 않는 것이 둘째 도둑이고, 아무 일도 없이 등불을 켜 놓고
잠자는 것이 셋째 도둑입니다. 그 다음으로는 게을러서 농사를 짓지
않고 놀기만 하는 것이 넷째 도둑이요, 아무런 공력도 남에게 베풀
지 않는 것이 다섯째 도둑이요, 교묘한 일과 남에게 해가 되는 일만
골라서 행하는 것이 여섯째 도둑입니다. 계집만 많이 기르는 것이
일곱째 도둑이요, 낮잠 자고 게을러서 늦게 일어나는 것이 여덟째
도둑이요, 술을 몹시 즐기고 음식을 탐하는 것이 아홉째 도둑이요,
지나치게 남을 시기하는 것이 열번째 도둑입니다."

[원문]
武王이 問 何謂十盜닛고. 太公이 曰 時熟不收一盜요 收績不了爲二盜요 無事燃燈寢睡爲三盜요 慵懶不耕이 爲四盜요 不施功力이 爲五盜요 專行巧害爲六盜요 養女太多爲七盜요 晝眠懶起爲八盜요 貪酒嗜慾이 爲九盜요 强行嫉妬爲十盜니이다.

燃 불태울 연　睡 졸음 수　慵 게으를 용　懶 게으를 나　嗜 즐길 기
嫉 질투할 질

무왕은 또 묻는다.

"그렇다면 집에 이런 열 가지 도둑이 없어도 부자가 못 되는 것은 무엇 때문인가요?"

태공은 대답하기를,

"그것은 그 집에 반드시 재물을 소모하는 세 가지가 있기 때문입니다."

"세 가지 소모하는 것이란 또 무엇인지 말해 주시오."

"창고에 비가 새어도 지붕을 덮지 않아서 쥐나 새들이 계속 까먹도록 내버려두는 것이 첫번째 소모하는 것이요, 밭에 씨를 제때에 뿌리지 못하거나 제때에 거두어들이지 못하는 것이 두번째 소모하는 것이요, 곡식을 땅에 흘려 더럽고 천한 물건처럼 여기는 것이 세번째 소모입니다."

[원문]
武王이 問 家無十盜而不富者는 何如오. 太公이 曰 人家에 必有三耗니이다. 武王이 曰 何名三耗닛고. 太公이 曰 倉庫漏濫不蓋하여 鼠雀亂食이 爲

一耗요 收種失時爲二耗요 抛撒米穀穢賤이 爲三耗니이다.

耗 소모할모　　漏 샐루　　蓋 덮을개　　鼠 쥐서　　雀 새작

抛 버릴포　　撒 뿌릴살　　穢 더러울예

무왕은 또 묻는다.

"그렇다고 하면 집에 세 가지 소모하는 것도 없이 부자가 되지 못하는 것은 어째서 그렇습니까?"

태공이 대답한다.

"그것은 집에 반드시 열 가지 나쁜 것이 있어서 그러한 것이오니, 그것은 첫째 일을 그르친 것, 둘째 일을 잘못 처리하는 것, 셋째 어리석은 것, 넷째 모든 일에 실수하는 것, 다섯째 인륜을 거역하는 처사, 여섯째 상서롭지 못한 일, 일곱째 계집종의 행색을 하는 것, 여덟째 품격이 낮고 천한 일을 하는 것, 아홉째 어리석은 것, 열째 지나치게 강한 것 등으로서, 이런 일들은 저절로 화를 부르는 것으로 하늘이 주는 재앙은 아닙니다.

[원문]

武王問 家無三耗而不富者는 何如오. 太公이 曰 人家에 必有一錯二誤三痴四失五逆六不祥七奴八賤九愚十强 하여 自招其禍오 非天降殃이니다.

錯 어긋날착　　痴 어리석을치　　殃 재앙앙

무왕이 또 말한다.

"그 자세한 내용을 모두 듣고자 합니다."

태공이 말한다.

"자식을 낳아 기르기만 하고 교육시키지 않는 것이 첫번째의 일을 그르친 것이요, 어린아이 때부터 가르치지 않는 것이 두번째의 잘못 처리한 것이요, 처음에 새 아내를 맞다가 엄하게 가르치지 않은 것이 세번째의 어리석은 것이요, 남이 말하기 전에 웃는 것이 네번째의 실수요, 제 부모를 공양하지 않는 것이 다섯번째의 인륜을 거슬리는 일이요, 밤중에 알몸으로 일어나 밖에 나가는 것이 여섯번째 상서롭지 못한 것이요, 남의 무기를 가지고 자기가 쓰기를 좋아하는 것이 일곱번째 종의 행색을 하는 것이요, 남의 말을 빌려다가 타기를 좋아하는 것이 여덟번째 천한 일이요, 남의 술을 얻어먹으면서 그 술을 다른 사람에게 권하는 것이 아홉번째의 어리석은 것이요, 남의 밥을 먹고 지내면서 친구들을 명령하는 것이 열번째의 지나치게 강한 것입니다."

무왕이 듣고 나자,

"참으로 아름답고 옳은 말씀입니다."

하고 말했다.

[원문]

武王이 曰 願聞悉之하노라. 太公이 曰 養男不教訓이 爲一錯이요 嬰孩不訓

이 爲二誤요 初迎新婦不行嚴訓이 爲三痴요 未語先笑爲四失요 不養父母爲
五逆이요 夜起亦身이 爲六不祥이요 好挽他弓이 爲七奴요 愛騎他馬爲八賤
이요 喫他酒勸他人이 爲九愚요 喫他飯命朋友爲十强이니다. 武王이 曰 甚
美誠哉라 是言也여.

失 다실   嬰 어릴영   孩 어릴해   挽 당길만   弓 활궁
騎 말탈기

[총론]

여기에서는 오륜과 삼강을 위시하여 사람은 학문과 사업과 처신에 항상
올바르기를 노력할 것과 나아가서 언충신(言忠信)·행독경(行篤敬)의 덕을
쌓으며 충성과 효도를 주장으로 하라는 교훈을 강조했다.

치정편
治政篇

명도 선생(明道先生)이 말하기를,

"처음으로 벼슬하는 선비가 진실로 물건을 사랑하는 마음이 있다면
인간에게 반드시 유익한 일이 있을 것이다."

하였다.

[원문]
明道先生이 曰 一命之士 苟存心於愛物이면 於人에 必有所濟니라.

당나라 태종(太宗)이 지은 글에 이런 말이 있다.

"위에는 일을 지시하는 임금이 있고, 중간에는 이 지시를 받아 다스

치정편 209

리는 관리가 있고, 그 아래에는 여기에 따라가기만 하는 백성이 있
는데, 모든 관리들은 보수로 받은 비단으로 옷을 해 입고 창고에 쌓
인 곡식으로 밥을 해 먹으니, 알고 보면 너희들이 받는 봉급은 모두
백성들에게서 짜낸 기름인 것이다. 관리들은 아래에 있는 백성들을
학대하기는 쉽지만 위에서 내려다보는 푸른 하늘은 속이기 어려울
것이다."

[원문]
唐太宗 御製에 曰 上有麾之하고 中有乘之하고 下有附之하여 幣帛衣之요
倉廩食之하니 爾俸爾祿이 民膏民脂니라 下民은 易虐이어니와 上蒼은 難
欺니라.

　　麾 두를 휘　　幣 폐백 폐　　帛 비단 백　　廩 곳집 름　　俸 받을 봉
　　虐 사나울 학

[주석]
당태종(唐太宗) 중국 당나라 태종으로 당나라의 두번째 임금. 이름은 세민(世民), 고
조(高祖) 이연(李淵)의 아들이다.

〈동몽훈(童蒙訓)〉에 말하기를,
"벼슬을 하는 방법이 세 가지가 있으니 청백한 것과 근신하는 것
과 부지런한 것이다. 이 세 가지를 알아야만 몸가짐을 안다고 할
것이다."
하였다.

童蒙訓에 曰 當官之法은 喩有三事하니 曰淸曰愼曰勤이라 知此三者면 知
所以持身矣니라.

　訓 가르칠 훈

[예담]

온 세상을 하얗게 뒤덮은 백설 위로 햇빛이 유난히 눈부시게 비치던 1809
년 2월 12일, 노예제도를 폐지하고 근대 민주주의의 터전을 닦아 놓은 미
국의 16대 대통령 링컨이 태어났다.

　그런데 링컨의 집은 너무나 가난하였다. 부지런한 아버지는 황무지를 개
척하여 옥수수를 심고 가축을 기르는 등, 가족들을 위해서 잠시도 한가한
시간이 없었으나 생활은 여전히 끼니를 잇기에 바빴고, 간신히 살을 가릴
정도의 옷을 마련하기에 급급하였다.

　이토록 가정 형편이 곤궁하였으므로 링컨이 어렸을 때에는 타다 남은 숯
토막을 연필로 삼고 널빤지를 종이 대용으로 이용하여 글씨를 쓸 수밖에
없었다.

　한편 링컨은 아버지를 도와 도끼를 들고 땅을 개간하는 일을 하였으며,
손이 부르트도록 황무지를 일구고 다시 그 땅에 곡식을 심어야 했다. 그야
말로 주경야독의 고달픈 생활이 계속되었다.

　훗날 한 나라의 대통령으로 수많은 업적을 남긴 링컨도 어렸을 때는 가
난한 농부의 아들로 태어나 피눈물나는 노력으로 자기의 길을 개척했던
것이다. 그러나 그는 대통령이 된 뒤에도 근면하기가 그 누구에게도 비길
수 없을 만한 생활을 한 대통령으로 유명하다.

　대통령으로 재임하던 때에 대통령 관저에서 일어난 이야기이다.

급한 용무로 비서가 중요한 서류를 가지고 대통령실로 들어가다가 보니 복도 한 구석에서 어떤 사람이 열심히 구두를 닦고 있는 광경이 눈에 띄었다. 그는 그대로 지나치려다가 다시 가서 자세히 보니 구두를 닦고 있는 이는 바로 링컨 대통령이었다. 그는 놀라지 않을 수 없었다. 너무나 어이가 없어서 한동안 멍하니 서 있던 비서는 정색을 하고서,

"대통령의 신분으로 손수 구두를 닦다니 남들이 보면 뭐라 하겠습니까?"

하고 못마땅하게 말하였으나 링컨은 태연하게,

"내가 구두를 닦는 것을 누가 뭐라고 한단 말인가? 왜 대통령은 구두를 닦아서는 안 될 이유라도 있단 말인가? 잘못된 생각이야. 자네 생각에는 이러한 일이 대통령의 체면에 손상을 주는 것으로 생각하는 모양인데 대통령이란 무엇인가? 국민들을 위해서 일하는 일꾼이 아닌가? 구두닦이나 대통령이나 일꾼이기는 마찬가지야. 직업에 귀천이 있을 수 없는 법일세."

라고 말하고는 여전히 구두 닦는 데 여념이 없었다. 그의 얼굴에는 시종 미소가 사라지지 않았고 그의 손이 바삐 움직일 때마다 구두는 빛을 더해 갔다. 비서는 하는 수 없이 그 앞에 서류를 내밀었다. 링컨은 말없이 구두약 묻은 손으로 서류를 받아 구두를 닦을 때와 마찬가지로 열심히 읽는 것이었다.

이것은 학교라고는 일 년도 채 못 다녀 보고, 겨우 열두 살 때부터 품팔이 노동을 하기 시작하여 자활과 독학의 길을 걸어온 링컨의 살아 있는 체험에서 얻은 좋은 교훈이었다.

'바쁜 벌은 근심할 틈이 없다'는 교훈을 누구보다 앞장서서 온 인류에게 웅변으로 외친 살아 있는 경전이었다.

"벼슬하는 사람은 반드시 사납게 성내는 일이 없도록 경계하여 옳지 않은 일이 있거든 마땅히 자세하게 알아서 처리한다면 잘못되는 일이 없을 것이다. 그렇지 않고 만일 성부터 낸다면 이는 오직 자신을 해칠 것이니, 어찌 남을 해칠 뿐이리오."

[원문]

當官者는 必以暴怒爲戒하여 事有不可어든 當詳處之면 必不無中이어니와 若先暴怒면 只能自害라 豈能害人이리오.

"임금 섬기기를 부모 섬기는 것과 마찬가지로 하고, 관리 섬기기를 형을 섬기는 것처럼 하고, 동료들과 사귀기를 가족끼리 지내듯이 하고, 여러 아전들 대접하기를 자기 집 종과 같이 하고, 백성 사랑하기를 자기 처자를 사랑하듯 하고, 관청 일 처리하기를 자기 집 일을 처리하듯 한 뒤에라야 능히 내 마음을 다할 것이니, 만일 털끝만큼이라도 이런 것을 하지 못한다면 이것은 모두 내 마음에 미진한 점이 있는 까닭이다."

[원문]

事君을 如事親하고 事官長을 如事親하고 與同僚를 如家人하고 待群吏를 如奴僕하고 愛百姓을 如妻子하고 處官事를 如家事然後에 能盡吾之心이니 如有毫末不至면 皆吾心에 有所未盡也니라.

僚 동료료   僕 종복   毫 터럭호

어떤 사람이 정이천(程伊川) 선생에게 묻기를,

"부(簿)라는 것은 영(令)을 돕는 것인데 부가 하고자 하는 바를 영이 혹 듣지 않는다면 어떻게 합니까?"

하였다.

정이천 선생이 대답하기를,

"마땅히 선의로 그를 감동시킬 것이다. 지금 영이 부와 서로 맞지 않는 것은 다름 아니라 사사로운 마음으로 다투는 것인데, 영은 한 고을의 어른이니 부는 아버지와 형을 섬기는 도리로 섬겨서 만일 잘못이 있으면 이것은 자기가 잘못한 것으로 만들고 잘한 일이 있으면 그것은 영에게로 돌아가지 않을까 염려하여 영에게로 돌려 이 같은 성의를 쌓고 보면 어찌 사람을 감동시키지 못하는 것이 있으리오."

하였다.

[원문]

或問 簿는 佐令者也라 簿所欲爲를 令或不從이면 奈何잇고 伊川先生이 曰 當以誠意動느니라. 今令與簿不和는 便是爭私意요 令은 是邑之長이니 若能以事父兄之道로 事之하여 過則歸己하고 善則唯恐不歸於令하여 積此誠意면 豈有不動得人이리오.

　簿 문서 부　　佐 도울 좌　　奈 어찌 나　　伊 저 이

[주석]

부(簿) 원임(原任)을 보좌하는 원임 다음가는 벼슬자리.

영(令) 지금의 군수와 같은 벼슬.

정이천(程伊川) 이름은 이(頤), 자는 정숙(正叔), 이천(伊川)은 그의 별호. 북송의 대유(大儒)로서 뒤에 나온 주자(朱子)와 함께 송학(宋學)의 대표적인 학자(1033~1107).

유안례(劉安禮)가 명도 선생에게 백성 다스리는 법을 물었다.

명도 선생은 대답하기를,

"백성을 잘 다스리려면 백성들에게 자기들의 생각하는 바를 다 말할 수 있게 해야 할 것이다."

하였다.

또 부하를 거느리는 방법을 물으니 대답하기를,

"먼저 내 몸을 바르게 함으로써 모든 물건을 바로잡게 하라."

하였다.

[원문]

劉安禮 問 臨民한데 明道先生이 曰 使民各得輸其情이니라. 問 御吏한데 曰 正己以格物이니라.

劉 성 유   輸 실을 수   格 이를 격

[주석]

유안례(劉安禮) 자는 원소(元素). 중국 북송 때 사람.

〈포박자(抱朴子)〉에 말하기를,

"비록 형벌을 당하여 죽는 한이 있더라도 곧게 임금의 잘못을 간할
것이며, 기름 솥에 삶아 죽는 일이 있더라도 옳다고 생각하는 말을
다한다면 이는 충신이라 하는 것이다."
하였다.

[원문]
抱朴子에 曰 迎斧鉞而正諫하며 據鼎鑊而盡言이면 此謂忠臣也니라.
　　斧 도끼 부　　　鉞 도끼 월

[주석]
포박자(抱朴子) 중국 진나라 갈홍(葛洪)이란 사람이 지은 도가서(道家書). 내편(內篇)
과 외편(外篇) 두 편으로 되어 있고, 내용은 신선이 되는 법과 시세의 득실과 인사의
잘잘못 등이 기록되어 있다.
부월(斧鉞) 큰 도끼. 무거운 형벌. 목 베어 죽임. 여기서는 죽임을 당한다는 뜻.

[총론]
정치는 백성을 사랑하는 것으로 주장을 삼아야 한다. 또한 정치는 청렴·신
중·근면의 세 가지를 가져야 한다고 주장하고 있다.
　"임금 섬기기를 부모 섬기듯 하고 백성 사랑하기를 자식 사랑하듯 하라."
　이 얼마나 절실한 교훈인가? 예나 지금이나 이런 마음으로 정치에 임한
다면 거의 과오가 없을 것이다.

치 가 편
明心寶鑑
治家篇

사마온공이 말하기를,

"모든 어린 사람들은 일이 크건 작건 간에 무엇이든지 제 마음대로
하지 말고 반드시 집안 어른에게 물어서 해야 한다."

하였다.

[원문]

司馬溫公이 曰 凡諸幼卑는 事無大小히 毋得專行하고 必咨稟於家長이니라.

毋 없을 무(無와 같음)　　咨 물을 자　　稟 줄품

"손님을 대접하는 것은 넉넉히 해야 하고, 집안 살림은 검소하게 해
야 한다."

待客은 不得不豊이오 治家는 不得不儉이니라.

　豊 풍년 풍

[예담]

고려 의종(毅宗) 때의 일이다. 임금은 날마다 잔치를 벌여 놀기를 좋아하고 불도(佛道)를 믿어 올해에는 무슨 궁을 짓는다, 내년에는 절을 짓는다 하여 백성들은 굶어 가면서라도 부역에 나가지 않으면 안 되었다. 처음에는 청령재(淸寧齋)라는 큰 재실(齋室)을 짓더니 그 다음에는 그 남쪽으로 중미정(衆美亭)이라는 정자를 세우고 나서 또다시 그 앞에다가 커다란 호수를 만드는 등 잇따른 부역에 백성들은 마침내 도탄에 빠져 신음하고 있었다.

　이때 부역에 나오는 역군들은 제각기 점심밥을 싸가지고 와서 일들을 하는데, 한 역군은 집이 몹시 가난해서 점심밥을 가지고 올 수가 없어 날마다 같이 일하는 친구들에게서 한 숟가락씩 얻어먹으면서 일을 해 왔다.

　그는 마음이 몹시 불편했다. 집에 돌아오기만 하면 언제나 이런 말을 했다.

　"오늘도 그 친구들한테 점심을 얻어먹었으니 이렇게 날마다 신세만 져서 어쩐단 말이요? 우리도 한번 갚는 날이 있어야 할텐데……."

　이러한 얘기를 듣고 있는 아내는 그저 한숨만 내쉴 뿐 아무런 신통한 대답을 할 길이 없었다. 그러던 어느 날, 아내가 점심 무렵에 큰 광주리에 맛있는 음식과 더운 쌀밥을 지어 가지고 와서 남편을 부르더니,

　"오늘은 당신이 신세진 친구 분들에게 이 음식을 대접하세요. 어떻게 남의 것만 얻어먹고 갚지 않을 수가 있겠어요?"

　하는 것이었다.

남편은 한편 기쁘기도 하고 한편으로는 의아스럽기도 했다. 뻔히 아는 자기 집 살림에 어디서 이런 훌륭한 음식이 났는지 그것이 의심스러웠다.

"여보 부인! 사람으로서 저 친구들에게 음식을 대접한다는 건 당연하고도 떳떳한 일이오. 하지만 당신이 도대체 이 음식을 어떻게 해서 만들었단 말이요? 그 까닭이나 알고 먹읍시다."

남편이 정중히 묻는 바람에 아내는 그대로 넘어갈 수가 없었다. 아내는 고개를 떨구고 몇 번이나 망설이다가 부끄러운 듯이 말하는 것이었다.

"제가 무슨 재주가 있겠어요? 다만 여러 사람에게 늘 신세만 진다 하시기에 비록 한 끼나마 그 호의에 보답하려고 머리카락을 잘라 팔았습니다."

과연 부인이 쓴 수건을 벗기고 보니 아내의 머리는 하루 아침에 여승이 되어 있었다. 남편은 눈물을 머금고 아무런 일도 없었다는 듯 친구들을 불러 한 끼 식사를 맛있게 대접했다.

아무리 손님을 풍성히 잘 대접해야 한다고 하지만 이건 좀 지나친 행동이 아니었을까? 그렇지 않다. 지금 세상의 안목으로 볼 때는 이와 같은 생각을 할 수 있을지 모르지만 당시 사회의 풍조로 보아 이것은 있을 법한 일이고, 동시에 훌륭한 어진 아내의 행동이 아닐 수 없다.

강태공이 말하기를,

"어리석은 사람은 제 아내를 두려워하고, 어진 여자는 남편을 공경한다."

하였다.

[원문]
太公이 曰 痴人은 畏婦하고 賢女는 敬夫니라.

　畏　두려울 외

"종을 부리는 데는 먼저 그들의 배고픈 것과 추운 것을 알아 주어야
한다."

[원문]
凡使奴僕에 先念飢寒이니라.

"아들이 효도를 하니 양친이 즐거워하고, 집안이 화목하니 모든 일
이 뜻대로 이루어진다."

[원문]
子孝雙親樂이오 家和萬事成이라.

　雙　쌍 쌍

[예담]

1783년 겨울, 미국에는 강추위가 몰아치고 있었다. 예년에 없던 혹독한 추
위에 모든 사람들은 심한 고통을 겪어야 했는데, 그 중에서도 가난한 사람
들의 고생은 말이 아니었다.

　뉴욕에서 좀 떨어진 곳에 늙고 병든 부부가 살고 있었는데, 그들에게는

가난이라는 두 글자 외에 딸이 하나 있을 뿐이었다. 그 딸이 노동을 해서 벌어 오는 돈으로 생활해 나갔기 때문에 그들은 이러한 추위에 대비할 능력이 전혀 없다는 게 맞는 말일 것이다.

추위는 더욱 심해지고, 난방을 제대로 못하여 추위 속에 고생하는 늙은 부모의 병은 날로 심해 갔다. 그러던 어느 날, 소녀는 일을 끝내고 집으로 돌아오다가 이상한 광고를 보았다. 그것은 튼튼한 앞니를 사겠다는 치과 의사가 낸 글이었다.

소녀는 그 길로 치과 의사를 찾아가 "선생님! 제 앞니를 꼭 사주세요" 하고는 자기의 사정을 자세히 이야기했다.

소녀의 얘기를 들은 치과 의사는 눈물을 글썽거리며 말했다.

"잘 알겠어요. 참으로 기특하군요. 여기 이 돈을 가져가요."

그 의사는 소녀의 갸륵한 마음씨에 탄복하여 이를 빼지도 않고 돈을 준 것이다. 효성도 이만하면 사람을 감동시킬 만하다.

"때때로 혹시 불이 날까 미리 방비하고, 밤마다 도둑이 들까 걱정하여 대비해야 한다."

[원문]
時時防火發이오 夜夜備賊來라.

　備 방비할 비

〈경행록〉에 이르기를,

"아침에 일찍 일어나고 밤에 늦게 자는 것을 보면 그 집이 흥하고 쇠할 것을 미리 알 수가 있다."

하였다.

[원문]

景行錄에 云 觀朝夕之早晏하여 可以卜 人家之興替니라.

　晏 늦을 안　　興 일어날 흥　　替 쇠할 체

문중자(文中子)가 말하기를,

"시집 가고 장가드는 데 재물을 말하는 것은 오랑캐가 하는 일이다."

하였다.

[원문]

文中子 曰 婚娶而論財는 夷虜之道也니라.

　娶 장가들 취　　虜 오랑캐 노　　夷 오랑캐 이

[주석]

문중자(文中子) 중국 수(隨)나라 때 유명한 학자로 성은 왕(王)이고 이름은 통(通). 문중자는 그가 죽은 뒤에 제자들이 부른 사사로운 시호.

"가정을 다스림에 있어 손님 접대는 풍족하게 해야 한다", "아내는 남편을
공경해야 한다", "자식은 부모에게 효도해야 집안이 화평하고 즐겁다"는
것에서부터 심지어 화재를 방지하고 도둑을 막으라는 것, 또는 혼인하는
데에는 재물을 논할 것이 아니라는 것들을 자세하게 이야기하고 있다.

또 이 치가편(治家篇)에서는 부부의 화(和)와 아버지와 아들의 의(義)가
돈독해야 된다고 강조하였다.

안의편
安義篇

明心寶鑑

〈안씨 가훈(顏氏家訓)〉에 이런 말이 있다.

"사람이 있은 뒤에 남편과 아내가 있고, 남편과 아내가 있은 뒤에 아비와 자식이 있고, 아비와 자식이 있은 뒤에 형과 아우가 있으니 한집안에 가장 친한 것은 이 세 가지뿐이다. 여기에서부터 나아가 모든 일가에 이르기까지 모두 이 세 가지가 근본이 되는 것이기 때문에, 이것이 인륜에 있어 가장 소중한 것이므로 무엇보다도 중요하게여기지 않을 수 없다."

하였다.

[원문]

顏氏家訓에 曰 夫有人民而後에 有夫婦하고 有夫婦而後에 有父子하고 有

父子而後에 有兄弟하니 一家之親이 此三者而已矣요 自玆以往으로 至于九
族히 皆本於三親焉故로 於人倫에 爲重也니 不可不篤이니라.

倫 인륜 륜   篤 도타울 독

[주석]
안씨 가훈(顔氏家訓) 중국 북제(北齊) 때 안지추(顔之推)란 사람이 지은 책. 주로 몸을
출세시키고 집을 다스리는 법을 기록했다.
구족(九族) 고조(高祖)·증조(曾祖)·할아버지·아버지·자기·아들·손자·증손(曾孫)·현
손(玄孫)의 아홉 계층을 말함.

장자가 말하기를,

"형제란 손발과 같고 부부란 옷과 같으니 옷이 찢어졌을 때에는 다
시 새로 만들어 입을 수도 있지만 손발이 한번 끊어지고 보면 다시
잇기가 어렵다."
하였다.

[원문]
莊子曰 兄弟는 爲手足이오 夫婦는 爲衣服이니 衣服破時엔 更得新이어니
와 手足斷時엔 難可續이니라.

斷 끊어질 단   續 이을 속

[예담]
삼국시대 때 당나라는 고구려를 쳐들어오는 일이 많았다. 그러나 고구려
는 연개소문(淵蓋蘇文)이 실권을 장악하고 있으면서 매번 당나라 대군을
격퇴시켰다.

연개소문에게는 아들이 여럿 있었다. 큰아들은 남생(南生), 그 다음은 남건(南建), 남산(南産)이다. 연개소문이 죽자 큰아들 남생이 계승하여 전권을 쥐고 나랏일을 통솔하고 있었다. 그런데 큰아들 남생의 편에 무리가 생기고 또한 작은아들 남건과 남산 편에 무리가 생겨 그들 형제 사이를 이간했다.

그러던 중 남생이 지방을 순찰할 일이 생겨 서울을 비우게 되었다.

남건과 남산 편의 무리들은 때를 만났다는 듯이 묘책을 꾸몄다. 그들은 남건·남산에게 가서 "남생이 두 아우를 믿지 못하고 늘 꺼려 왔으며, 이번에 지방 순찰을 마치고 돌아오는 즉시 그들을 없애려 한다"고 하였다.

그 말을 들은 남건과 남산은 형을 증오하게 되었다.

한편 남생의 무리들은 남건과 남산이 형의 자리를 노리고 있다고 하였다. 남생은 그를 두려워하여 사람을 보내어 그들의 동정을 살피게 하였다. 그러나 남생이 보낸 사람은 남건·남산에게 잡히고 말았다. 남건·남산은 형의 행동으로 보아 틀림없이 자기들을 해칠 것으로 믿고 남생의 아들 헌충(獻忠)을 죽였다. 드디어 형제간에 싸움이 벌어졌다. 지방에 있던 남생은 이 싸움에서 밀리자 원수의 나라인 당에게 구원병을 요청하게 되었다.

물론 고구려가 당나라에게 망하게 된 데는 여러 가지 다른 원인이 있으나 나라의 실권을 쥐고 있던 형제간의 싸움 또한 적지 않은 영향을 끼쳤다.

골육상잔이 나라를 멸망시킨 것이다.

한 나라뿐만 아니라 한 가정에서도 형제가 화합하지 못하면 되는 일이 없는 법인데, 하물며 한 나라의 지도권을 잡은 형제들이 서로 의심하고 두려워하였으니, 그 나라가 바로 될 리 없는 건 당연한 일이다.

형제란 손발과 같다. 손발이 한번 끊어지면 다시 이을 수 있겠는가? 형

제끼리 싸우다가는 그 집이 망함은 물론, 크게는 나라까지 망치는 결과
가 된다.

소동파가 말하기를,
"부자로 산다고 친하게 하지 않고 가난하다고 멀리 하지 않는 것이
대장부다운 일이요, 부자로 살면 찾아가고 가난하면 돌아보지 않는
것이야말로 소인배들이 하는 짓이다."
하였다.

[원문]
蘇東坡曰 富不親兮貧不疎는 此是人間大丈夫요 富則進兮貧則退는 此是人
間眞小輩니라.

　背 무리 배

[총론]
인륜의 시작은 부부가 있은 후에 아버지와 아들이 있고 아버지와 아들이
있은 후에 형제가 있으니 이것이 가장 가까운 삼친(三親)이라고 했다. 또
한 여기에서 사람과 사귀는 데는 가난함과 부자를 초월해야 한다고 역설
한다.

준례편 遵禮篇 明心寶鑑

공자가 말하기를,

"집에서는 예가 있기 때문에 어른과 어린이의 분별이 서고, 집안 사이에 예가 있기 때문에 삼족(三族)이 화목하게 지낼 수 있고, 조정에 예가 있기 때문에 벼슬 지위에 차례가 있고, 사냥하는 데 예가 있기 때문에 군사가 한가하고(싸우는 훈련을 이길 수가 있고), 군대에 예가 있기 때문에 무공을 이룰 수가 있다."

하였다.

[원문]

子曰 居家有禮故로 長幼辨하고 閨門有禮故로 三族和하고 朝廷有禮故로 官爵序하고 田獵有禮故로 戎事閑하고 軍旅有禮故로 武功成이니라.

閨 안방 규   獵 사냥 렵   戎 군사 융, 오랑캐 융   閑 한가할 한, 이길 한

[주석]
삼족(三族) 아버지, 어머니, 아내의 세 친족.
사냥[田獵] 중국 고대에는 새나 짐승을 잡는 사냥을 함으로써 군사 훈련을 시켰다.

禮

공자가 말하기를,
"군자가 용기만 있고 예가 없으면 세상을 어지럽게 하고, 소인이 용기만 있고 예가 없으면 도둑이 된다."
하였다.

[원문]
子曰 君子有勇而無禮면 爲亂하고 小人이 有勇而無禮면 爲盜니라.

禮

증자(曾子)가 말하기를,
"정부에서는 벼슬 지위가 높은 것이 제일이요, 고장에서는 나이 많은 것이 제일이요, 세상을 돕고 백성을 다스리는 데는 덕이 많은 것이 제일이다."
하였다.

[원문]
曾子曰朝廷엔 莫如爵이오 鄕黨엔 莫如齒요 輔世長民엔 莫如德이니라.

黨 무리 당   齒 이 치, 연치 치   輔 도울 보

[주석]
향당(鄕黨) 시골, 옛날 중국의 지방 구분의 명칭으로 2천 5백 호를 향(鄕)이라 하고, 5백 호를 당(黨)이라고 했다.

禮

"늙은이와 젊은이와 어른과 어린이는 하늘이 정해 놓은 질서이니 이치에 어긋나게 해서 도의를 상하지 말 것이다."

[원문]
老少長幼는 天分秩序니 不可悖理而傷道也니라.

　秩 차례 질

禮

"문 밖에 나서거든 마치 큰손님을 대하듯이 남을 대하고, 집 안에 들어서서는 마치 큰제사를 지내 듯이 조심조심할 것이다."

[원문]
出門에 如見大賓하고 入室에 如見大祭니라.

　賓 손 빈　　祭 제사 제

禮

"만일 남이 나를 중히 여기게 하려면 내가 먼저 남을 중히 여겨야만 할 것이다."

若要人重我면 無過我重人이니라.

이 이야기는 김준(金峻)이란 사람이 광해군 때 병조(兵曹)에서 늙은 아전
의 무리로 인조반정 때 목도한 일을 동평위 정재륜(東平尉鄭載崙)에게 이
야기했다는 내용이다.

그의 말에 의하면 광해군의 포학무도함이란 이루 말할 수 없는 것으로
심지어 철모르는 부녀자나 거리에서 노는 철없는 아이까지도 원망치 않는
이가 없었지만, 막상 의거가 있던 날 그가 강화도로 쫓겨가는 꼴이란 어찌
나 행색이 비참한지 이를 지켜본 사람이라면 남녀 귀천을 막론하고 눈물
을 흘리지 않을 수 없더라는 것이다.

그런데 어제까지 그 밑에서 신하로 있던 훈신(勳臣)들 중에는 슬퍼하거
나 그를 동정하는 사람은 몇 명되지 않고 모두 회회낙락해 하더니, 그 일이
있은 후 뒷날에 가서 보니 슬퍼하던 사람은 모두 어질고 착한 사람들로 새
조정에 충성을 바쳤지만, 지나치게 기뻐하던 사람들은 제 명대로 살다가
죽은 사람이 몇 명 없더라는 것이다. 아마도 전 임금에 대해서 의리가 없던
신하는 새 임금에 대해서도 충성을 다할 리가 없는 모양이다.

여기 당시의 표본적인 이야기가 하나 있다.

반정하던 날 밤 입직(入直)하던 신하들은 모두가 혼비백산하여 어찌할
줄을 모르고 제각기 제 목숨을 지키고자 살 길을 찾는데, 그 수라장 속에서
도 인조를 붙들고 임금을 살려 달라고 애원한 신하가 있었으니, 그가 바로
입직승지(入直承旨)였던 죽천(竹泉) 이덕형(李德泂)이었다.

뒷날 인조는 특별히 교지를 내려 말하기를,

"이덕형의 충의는 의거하던 날 내가 이미 알았노라."

하고 그를 중용하여 벼슬이 판서에 이르렀다.

"남이 나를 소중히 여기게 하려면 그러기 전에 먼저 나도 남을 소중히 여겨야 한다."

하지만 반정의 의거가 일어나 조정이 온통 수라장이 된 판국에,

"임금을 살려 주십시오!"

하고 눈물을 흘리면서 애원할 수가 있을까? 지극한 충성과 지극한 의리가 아니고서는 어려운 일이다.

禮

"아비는 자식이 잘한다고 자랑하지 말 것이고, 자식은 아비의 과실을 말하지 말 것이다."

[원문]
父不言子之德하고 子不言父之過니라.

[총론]
이 준례편(遵禮篇)에서는 집안에서의 예의, 친척끼리의 예의와 그리고 조정에서의 예의, 심지어 전쟁에서까지도 예의가 없으면 안 된다고 주장했다. 어른과 아이 사이에, 또한 부자간에 예의가 없이는 사회가 유지되지 않는다는 것이다.

언어편
言語篇

유회(劉會)가 말하기를,

"이치에 맞지 않는 말을 하는 것은 차라리 하지 않는 것만 못하다."

하였다.

[원문]

劉會 曰 言不中理면 不如不言이니라.

會 모일 회   中 가운데 중, 맞을 중

"한마디 말이 이치에 맞지 않으면 아무리 많은 말을 한다 해도 소용이 없다."

하였다.

[원문]
一言不中이면 千語無用이니라.

☷

엄군평(嚴君平)이 말하기를,
"입과 혀는 화와 근심을 불러들이는 문이요 몸뚱이를 망치는 도끼
와도 같다."
하였다.

[원문]
君平이 曰 口舌者는 禍患之門이요 滅身之斧也니라.
  舌 혀 설   滅 멸할 멸

[주석]
엄군평(嚴君平) 중국 전한 무제(武帝) 때 사람으로 점치기를 잘했다.

☷

"사람을 이롭게 하는 말은 솜처럼 따뜻하고 사람을 해치는 말은 가
시처럼 날카로운 것이니, 사람을 유익하게 하는 한마디 말은 그 중
한 값이 천금이나 되고, 사람을 해치는 한마디 말은 아프기가 칼로
베는 것과 같다."

[원문]
利人之言은 煖如綿絮하고 傷人之言은 利如荊棘하니 一言利人에 重直千金

이오 一語傷人에 痛如刀割이니라.

荊 가시 형　　棘 가시 극　　直 곧을 직, 값 치　　割 벨 할

홉

"입이란 사람을 다치게 하는 도끼와 같고, 말은 혀를 끊는 칼과도 같으니, 입을 닫고 깊이 혀를 감춘다면 몸이 편안하고 어딜 가나 안전할 것이다."
하였다.

[원문]
口是傷人斧요 言是割舌刀니 閉口深藏舌하면 安身處處牢니라.

牢 굳을 로

[예담]
중국 수나라에 하돈(賀敦)이란 사람이 있었다. 그는 임금에게 한 말이 화근이 되어 마침내는 사형에 처하게 되었다.

그는 형장에서 마지막으로 아들 하약필(賀若弼)을 불러 유언을 하였다.

"내 평생에 후회스러운 일을 한 것이 없더니 그만 잠시 혀를 잘못 놀려 이제 죽임을 당하게 되었구나. 내 너에게 부탁하건대 부디 입을 함부로 놀리지 말아라. 아비가 죽음에 임하여 간곡히 하는 이 부탁을 너희는 평생토록 잊지 말고 명심하여라."

말을 마치자 그는 몸 속에 감추었던 날카로운 송곳을 꺼내어 아들의 혀를 찔렀다.

그곳에 모여 있던 사람들이 모두 깜짝 놀라 웬일인가 하였으나 하돈은

다시 침착한 어조로, "말을 할 때마다 부디 아비가 네 혀 찌른 일을 잊지 말아라" 하는 이야기를 남긴 채 사형대에 올랐다.

그 후로 하약필은 일생을 두고 허튼 말 한 마디 하는 일이 없었으니, 이는 오직 혀는 사람을 해치는 흉기라는 아버지의 유언과 아버지의 송곳에 찔리던 옛일이 말을 하려 할 때마다 그의 머리 속에 떠올랐기 때문이다.

그리하여 하약필은 말이 없는 어진 신하로 왕의 신임이 두터웠으며 수나라의 명장으로 이름을 떨치게 되었다.

☞

"사람을 만나서 한참 동안 말을 해봐도 그 사람의 마음을 완전히 파악하지는 못하는 것이니, 호랑이의 입을 무서워할 것이 아니라 오직 사람의 마음이 두려운 것이다."

[원문]
逢人且說三分話하되 未可全抛一片心이라 不怕虎生三個口하고 只恐人懷兩樣心이니라.

　　抛 던질 포　　怕 두려워할 파

☞

"지기(知己)를 만나 마시는 술은 천 잔을 마셔도 오히려 적을 것이요, 기회를 얻지 못하고 하는 말은 한마디도 오히려 많은 것이다."

酒逢知己千鍾少하고 話不投機一句多라.

종(鍾) 열 말을 담을 수 있는 그릇을 말한 것으로, 천 종(千鍾)이라면 굉장히 많은
술이다.

말이란 이치에 맞지 않는다면 천 마디 만 마디를 하더라도 소용이 없다. 또
한 입이란 화를 불러들이는 문이 되고 몸을 망치는 도끼가 된다. 그러니 입
을 닫고 말하지 않는 것이 몸을 보존하는 방법이라고까지 말한다.

　전체적으로 말을 삼가는 필요성을 강조하였다.

교우편

交友篇

공자가 말하기를,

"착한 사람과 같이 살면 마치 지초(芝草)나 난초가 있는 방에 들어간 것과 같아서 오래 되면 그 향기를 맡을 수 없을 만큼 자기 자신도 그와 같이 변할 것이요, 착하지 못한 사람과 같이 살면 생선 가게에 들어간 것 같아서 오래 되면 그 냄새를 맡을 수 없을 만큼 자기 자신도 그와 같이 변해 버린다. 주사(朱砂)를 간직한 곳은 붉어지고 옻[漆]을 간직한 곳은 검어지는 것이므로 군자는 반드시 자기와 함께 있을 사람을 삼가야 한다."

하였다.

子曰 與善人居에 如入芝蘭之室하여 久而不聞其香이라도 卽與之化矣요 與
不善人居에 如入鮑魚之肆하여 久而不聞其臭라도 亦與之化矣니 丹之所藏
者赤하고 漆之所藏者는 黑이라 是以로 君子는 必愼其所與處者矣니라.

　鮑 생선 포　　肆 가게 사　　臭 냄새 취

扑扑

〈공자가어〉에 이르기를,

"학문을 좋아하는 사람과 같이 걸어가면 마치 안개 속을 가는 것과
같아서 비록 옷은 젖지 않더라도 때때로 물 기운이 배어 오는 것을
느끼게 되고, 무식한 사람과 함께 가면 마치 변소에 앉은 것과 같아
서 비록 옷은 더럽혀지지 않는다 하더라도 때때로 나쁜 냄새를 맡게
된다."

하였다.

[원문]

家語에 云 與好人同行이면 如霧中行하여 雖不濕衣라도 時時有潤하고 與
無識人同行이면 如厠中坐하여 雖不汚衣라도 時時聞臭니라.

　霧 안개 무　　厠 측간 측　　潤 젖을 윤

扑扑

공자가 말하기를,

"안평중(晏平仲)은 사람과 잘 사귀는 인물이다. 오래 가도 변치 않고

공경했었다."

하였다.

[원문]
子曰 晏平仲은 善與人交로다. 久而敬之온여.

[주석]
안평중(晏平仲) 이름은 영(嬰), 평중(平仲)은 그의 자(字). 중국 춘추시대 제나라 경공(景公)을 도와 나라를 흥하게 한 정치가이다.

[예담]
이옥견(李玉堅)은 왕손의 한 사람이다. 그의 아버지 흥안군(興安君)과 그의 할아버지 한남군(漢南君)이 모두 직위에서 물러나게 되자 옥견은 먹고 살기가 어렵게 되었다.

그러나 옥견은 사람됨이 순정하고 착해서 다른 생업을 구하지는 못하고 궁여지책으로 이웃집에 사는 짚신 장수에게 짚신 삼는 것을 배워서 날마다 그와 함께 신을 삼아 겨우 입에 풀칠을 하고 지냈다.

세월이 흘러 옥견이 신 삼기를 시작한 지 5년이 되었다. 워낙 재주가 있고 총명할 뿐 아니라 손재주도 보통이 아니어서 이제 신 삼는 기술도 여간 뛰어나지 않았다. 옥견의 솜씨가 어찌나 뛰어나던지 장안(長安)의 명기(名妓)들은 이제 옥견이 삼은 신이 아니면 사 신지 않을 만큼 솜씨가 놀라워졌다. 모양을 내기에만 몰두한 기생 아가씨들은 다투어 가면서 옥견의 신만 찾게 되니 자연 옥견의 생계는 조금씩 나아지기 시작했다.

옥견이 신을 삼기 시작한 지 8년, 마침내 그에게도 운수가 대통하여 아버지와 할아버지는 원래의 관직과 작위로 되돌아가게 되었고 옥견도 회천정

(懷川正)이란 종실(宗室) 벼슬을 제수(除授)받게 되었다. 비황(飛黃)을 타고 초모(貂帽)를 쓴 채 날마다 조정에 출입하는 몸이 되었다.

그러나 옥견은 옛날 신 삼을 때 사귄 이웃 친구들을 잊지 않았다. 길에서 그들을 만나면 언제나 말에서 내려 반가이 인사하고 또 자기보다 나이가 많은 당시의 선배를 만나면 진흙 위에서라도 으레 절을 하였다.

신을 삼는 사람들은 황송하기 이를 데 없어 어찌할 줄을 몰랐다. 심지어 옥견의 행차를 먼발치에서 보고는 미리 겁을 먹고 골목길로 숨기까지 했다. 옥견은 이러한 사실을 알고 옛날 친구들을 모두 찾아 함께 술집으로 갔다.

"여보게나! 내 몸이 조금 귀하게 되었다고 해서 어찌 옛날에 사귄 친구를 잊을 수가 있겠는가. 자네들이 조금도 달리 생각하지 말고 내 마음을 알아준다면 예전처럼 대해 주게. 자! 어서 술을 들고 흥겹게 노래를 부르세!"

옥견은 조금도 가식 없이 진실하게 그들을 대했기 때문에 그 친구들 역시 옥견의 의리에 감동하여 마음놓고 술을 마셨다.

옛말에 '빈천했을 때 사귄 친구를 저버리지 말라'는 구절이 있지만 이것을 그대로 실천한 사람이 바로 옥견이다.

㕫

"서로 얼굴을 아는 사람은 세상에 가득하지만 마음속을 알 수 있는 사람은 몇이나 되겠는가?"

相識은 滿天下호대 知心은 能幾人가.

사람과 사람이 사귀되 지기를 얻기란 그렇게 쉬운 일이 아니다. 그러므로
옛사람은,

> "백 명 중에 두세 사람도 지기의 벗은 없고, 열 명 중에 여덟 아홉 명은 모두
> 나를 해치는 사람. 술잔 들어 권할 때에는 모두 다 형제 같지만 일에 임해 의
> 논할 땐 모두 원수 같네(百無二三知己友, 十常八九害吾人. 擧盃當局皆兄弟,
> 臨事論心總越秦)."

라고 하였다.

이 글의 뜻을 풀어 보면, 아무리 친한 벗이라고 사귀기는 하지만 백 명 중
에 단지 두세 명을 제외하고는 환난을 같이 할 친구는 없고, 열 명 중에 여
덟 아홉 명은 으레 나를 해칠 사람들이기 마련이다. 술자리에 앉아서 잔을
들고 서로 권하며 얼굴을 대할 때는 모두가 형제처럼 친밀하고 다정해 보
이지만, 일단 어려운 일을 당해서 마음을 털어놓고 말해 보면 수만 리 먼
곳에 있는 월나라와 진나라 사람처럼 소원하다는 것이다.
그런 까닭에 진정한 지기라는 것은 표면으로만 다정하게 하는 것이 아니
라, 도리어 담담한 가운데 마음으로 서로 돕고 아끼는 사이인 것이다.

옛날 중국에 최호(崔浩)와 규과(邽夸)라는 두 사람이 있었다. 규과는 젊
어서부터 뜻이 고상하고 글읽기를 좋아했으나 세상일에는 전혀 뜻이 없어

벼슬도 하지 않고 집에서 공부만 하고 있었다.

그러나 최호는 일찍부터 벼슬길에 올라 사도(司徒)가 되었다. 최호의 생각에 규과 같이 어질고 훌륭한 사람이 벼슬을 못하고 있는 것은 아까운 일이요, 자기 자신이 고관으로 있으면서 친한 친구 하나를 출세시키지 못하는 것은 평소의 우정이 아니라고 생각하고, 즉시 조정에 천거하여 중랑장(中郎將)이란 벼슬을 주어 억지로 불러들였다.

규과는 조정에서 부른다는 말에 하는 수 없이 최호를 만나 술을 마시고 서로 지난날의 정회를 풀었다. 최호는 마침내 '중랑장'의 사령장을 주면서 내일부터라도 나와서 일을 보도록 부탁했다.

그러나 규과는 자리를 박차고 일어서면서,

"친구에게 괴로운 일을 끼쳐 주는 것이 우정이란 말인가?"

하고 호통을 치더니 타고 온 작은 나귀에 올라 홀연히 시골로 자취를 감추었다.

그때는 법령이 엄하여 조정 명령에 복종하지 않는 규과의 행동은 규탄을 받아 엄벌을 받기에 충분한 것이었다. 이것을 최호가 여러 면에서 주선하고 구명해서 아무 일도 없도록 규과를 숨겨 보내 주었다.

그 후 몇 해가 지나 규과의 이런 죄목이 깨끗이 무마된 어느 날 최호는 좋은 말 한 필에 식량과 음식을 보내 주면서, 오랜만에 만나서 마음을 터놓고 이야기하기를 청하는 글을 보냈다.

하지만 규과는 최호가 보낸 준 물건을 빠짐없이 돌려보내면서 편지에는 답장도 하지 않아 마치 무슨 감정이라도 있는 듯이 보였다.

그 후 최호가 신병으로 죽었다. 이 소식을 들은 규과는 달려가 복을 입고 통곡하면서,

"최공(崔公)이 죽었으니 이 세상에 이 규과를 알아줄 사람이 누가 있으랴?"

하고 슬퍼했다.

꽃

"술이나 음식을 먹을 때에 형이니 아우니 하고 친하게 사귄 친구는 천 명이나 있지만 위급한 환난을 당했을 때에 이것을 도와주는 친구는 하나도 없다."

[원문]
酒食兄弟는 千個有라도 急難之朋은 一個無라.

꽃

"군자의 사귐은 덤덤하기가 마치 맹물과 같고, 소인들의 사귐은 달기가 꿀과 같다."

[원문]
君子之交는 淡如水하고 小人之友는 甘如蜜이니라.

淡 맑을 담   蜜 꿀 밀

꽃

"가는 길이 멀어야만 타고 가는 말의 힘을 알 수 있고, 사귄 지가 오래 되어야 그 사람의 마음을 알 수 있다."

[원문]

路遙에 知馬力하고 日久에 見人心이니라.

遙 멀 요

[총론]

사람을 사귀는 데는 반드시 착한 사람과 학문을 좋아하는 사람을 택해야 한다는 것을 몇 번이고 강조했다. 그리고 술이나 음식 자리에서 형이니 아우니 하는 친구는 수없이 많아도 급히 도움을 필요로 할 때 도와주는 친구란 그리 흔하지 않다. 아는 사람은 많지만 마음을 서로 알 만한 친구란 평생에 그리 많이 사귈 수가 없다는 것이다.

이 교우편(交友篇)에서는 특히 군자의 사귐과 소인의 사귐을 구별하여 지나치게 달콤한 교제는 반드시 병통이 있음을 강조하고 있다.

〈익지서〉에 이르기를,

"여자에게 훌륭한 네 가지 덕이 있으니 첫째는 부인으로서의 아름
다운 덕이요, 둘째는 부인으로서의 얌전한 얼굴 모습이요, 셋째는
부인으로서의 찬찬하고 자상한 말이요, 넷째는 부인으로서의 좋은
솜씨이다."

하였다.

[원문]
益智書에 云 女有四德之譽하니 一日婦德이요 二日婦容이요 三日婦言이요
四日婦工也니라.

여기 부인의 아름다운 덕이라고 말한 것은 반드시 재주나 이름이 뛰어나야 한다는 것이 아니고, 부인의 얌전한 얼굴 모습이라고 한 것은 반드시 얼굴이 예쁜 것을 말한 것이 아니고, 부인의 찬찬하고 자상한 말이라고 한 것은 반드시 언변을 잘하는 것을 말한 것이 아니요, 부인의 좋은 솜씨라 한 것은 반드시 재주가 남보다 뛰어난 것을 말한 것이 아니다.

[원문]

婦德者는 不必才名이 絶異요 婦容者는 不必顔色이 美麗요 婦言者는 不必辨口利說이요 婦工者는 不必伎巧過人也니라.

麗 고울 려   伎 재주 기

"그렇다면 대체 부인으로서의 아름다운 덕이란 무엇인가? 그것은 정조를 깨끗이 하고 절개를 곧게 가져 분수를 지키고 몸가짐을 바르게 하며, 자기의 행동에 부끄러움을 알고 모든 행동을 법도에 맞게 해야 하는 것이니, 이것이 바로 부덕(婦德)이라는 것이다. 부인으로서의 얌전한 얼굴이란 무엇인가? 그것은 먼지와 때를 닦고 빨아 옷을 깨끗이 하며, 목욕을 때때로 해서 온 몸에 더러운 것이 없게 하는 것이니, 이것이 바로 부용(婦容)이라는 것이다. 부인으로서의 찬찬하고 자상한 말이라고 하는 것은 무엇인가? 그것은 말을 가려서 하며 예의에 벗어난 말은 하지 말고, 때가 된 뒤에야 말하여 남이 그 말을 싫어하지 아니함이니, 이것이 바로 부언(婦言)이다. 부인으로서의 좋은 솜씨라고 하는 것은 무엇인가? 그것은 길쌈을 부지런히 하고 술을 좋아하지 말며, 좋은 음식을 만들어서 손님을 잘 접대하는 것이니, 이것이 바로 부공(婦工)인 것이다.

이 네 가지 덕이야말로 참으로 부인에게 없어서는 안 될 것으로, 하기가 몹시 쉽고 올바르게 하도록 힘쓸 것이니, 여기에 의지해서 행한다면 이는 부인에게 있어서 커다란 범절인 것이다."

하였다.

[원문]
其婦德者는 淸貞廉節하여 守分整齊하고 行止有恥하며 動靜有法이니 此爲婦德也요 婦容者는 洗浣塵垢하여 衣服鮮潔하며 沐溶及時하여 一身無穢니 此爲婦容也요 婦言者는 擇詞而說하여 不淡非禮하고 時然後言하여 人不厭其言하나니 此爲婦言也요 婦工者는 專勤紡績하고 勿好葷酒하며 供俱甘旨하여 以奉賓客이니 此爲婦工也니라. 此四德者는 是婦人之大德也니 爲之易하고 務在正하니 依此而行이면 是爲婦節이니라.

浣 빨래 완　　垢 때 후　　潔 깨끗할 결　　沐 목욕 목　　紡 길쌈 방
績 길쌈 적　　葷 매운 채소 훈

강태공이 말하기를,

"부인의 예법은 말소리가 반드시 가늘어야 한다."

하였다.

[원문]
太公이 曰 婦人之禮는 語必細니라.

"어진 부인은 남편을 귀하게 하고, 아첨하는 부인은 남편을 천하게
한다."
하였다.

[원문]
賢婦는 令夫貴하고 佞婦는 令夫賤이니라.

[예담]

옛날 중국에 악양자(樂羊子)라는 사람이 있었다. 그가 젊었을 때 일이다.
결혼한 지 얼마 안 되는 악양자는 신혼의 단꿈에 젖어 잠시도 아내의 곁을
떠날 줄 몰랐다.

이때 그의 아리따운 젊은 부인이 남편을 보고 이렇게 말했다.

"옛날 공자는 잠을 자지 않고 먹지도 않고 생각하였으나 학문을 배우느
니만 같지 못하다 하였거늘, 당신은 어찌하여 공부할 생각을 하지 않으십
니까?"

그리하여 악양자는 훌륭한 스승을 찾아 공부를 하되 꼭 학업이 성취된
뒤에야 집에 돌아오기로 아내와 단단히 약속을 하고 집을 나섰다.

깊은 산 속 고요한 절에서 공부를 시작한 지 어언 일 년이 다 되었다. 자
나깨나 그리운 건 아내 생각이요 고향집에 돌아가고 싶은 일념뿐인 것을
억지로 참으며 아내와의 약속을 상기하며 마음을 달래던 악양자는 마침내

섣달 그믐을 맞이하였다. 명절 때면 더욱 간절하게 생각나는 것이 고향집이요 가정인 것이다. 그는 잠시 집에 돌아가 설이나 쇠고 다시 오리라 마음먹고 집으로 향하였다. 먼길을 걸어 저녁 늦게 집에 다다르니 아내는 깜짝 놀라며 그를 맞아들였다.

"갑자기 웬일이십니까? 벌써 공부를 다 마치셨나요?"

"아니오. 집을 떠난 지도 너무 오래되었고 또 내일이 설이니 당신과 함께 설을 쇨까 하고 돌아왔소이다."

이 말을 들은 아내는 반가워하는 얼굴빛이 싹 가시더니 가위를 들고 베틀로 올라가 짜고 있던 명주를 가리키며 말하였다.

"이 명주를 보세요. 누에가 뽕잎을 먹고 자라나 여러 날 만에 고치를 짓고, 고치에서 실을 뽑아 이렇게 한 치 한 치 짜서 결국은 옷감이 되는 게 아닙니까? 이것을 지금 짜다 말고 중도에서 끊어 버리면 어찌 되겠습니까? 누에가 뽕잎을 먹으면서부터 시작한 오랜 동안의 노고가 헛일이 되고 말 것은 자명한 일이니, 당신도 하던 공부를 중단하시면 이와 똑같은 결과가 되고 말 것입니다."

말을 마친 그의 아내는 남편더러 들어오란 말 한 마디 없이 방문을 닫더니 부지런히 명주를 짜는 것이었다. 멍하니 서서 닫힌 문틈으로 새어 나오는 베틀의 덜거덕거리는 소리를 한참이나 듣고 있던 악양자는,

"미안하오. 내가 너무 경솔했구려. 내 무슨 일이 있어도 학업을 성취시킨 뒤에 당신을 만나리다."

이렇게 속으로 중얼거리며 주먹을 불끈 쥐고 발길을 돌렸다. 그가 그 후 칠 년 동안을 열심히 공부하여 크게 출세할 수 있었음은 오로지 어진 아내의 덕이었다.

"집에 어진 아내가 있으면 남편이 뜻밖의 재앙을 입지 않는다."

[원문]

家有賢妻면 夫不遭橫禍니라.

　遭 만날 조

[예담]

서울에 살던 강남덕(江南德)의 어머니의 이야기이다. 강남덕의 어머니는 서강(西江) 사람 황봉(黃鳳)의 아내다. 황봉은 강사람으로 매일같이 강에 나가 물고기 잡는 것이 일이요, 때로는 인천 앞 바다 먼 데까지 가서 며칠씩 고기를 잡아다가 팔아서 두 식구가 간신히 끼니를 때우며 살아갔다.

그러던 어느 날 황봉은 풍랑을 만나 집에 돌아오지 못하는 몸이 되었다. 황봉의 아내는 하는 수 없이 소복을 입고 3년상을 치르고 나서 과부로 혼자 산 지 몇 해가 지났다.

어느 날 실로 뜻밖의 일이 발생했다. 자칭 중국에서 왔다는 사람이 자신의 남편이 쓴 편지를 내놓는 것이었다. 편지의 내용인즉 얼마 동안을 바다 위에 표류하다 보니 중국 강남(江南) 땅에 닿아 지금은 그곳에서 품팔이를 하고 있다는 것과 함께 지명과 주인의 성명까지 적혀 있었다.

황봉의 아내는 이 편지를 보자 반쯤 실신했다. 울다가 웃다가 이것이 꿈이냐? 생시냐? 소리소리 치는 것이었다. 그도 그럴 것이, 남편이 인천 바다에서 돌아오지 않자 그의 아내는 필경 물고기 뱃속에 장사 지낸 것이라 생각하고 살아온 지 5년째가 되는 지금에 와서 남편이 살아 있다는 편지가 날아들었으니 미칠 일이 아닌가?

그녀는 여기서 엄청난 용기를 냈다.

"내 비록 빌어먹다가 길가에 쓰러져 죽는 한이 있더라도 불원천리하고 남편을 찾아가리라."

이튿날 그녀는 짚신 감발에 아무런 행장도 없이 홀연히 집을 나섰다. 이웃 사람들이 와서,

"우리 나라와 중국 사이에는 국경을 함부로 넘지 못하는 국법이 있을 뿐 아니라, 만 리가 넘는 길을 방향도 모르고 노자 한 푼 없이 어떻게 가겠다는 말이요?"

하고 만류했지만 그녀는 사람들의 말을 듣지 않고 동네를 떠나 북쪽 방향으로만 길을 걸었다. 밤이 되면 아무 집이나 하룻밤 쉬어 가기를 청하고 찬밥을 얻어먹으면서 실로 천신만고 끝에 일 년이 지나 중국 강남 땅에 도착했다. 강남 땅에 닿자 품속에서 편지를 꺼내 들고 남편이 있다는 곳을 찾으니 과연 황봉이 그곳에서 품팔이를 하면서 생활하고 있는 것이 아닌가!

내외는 부둥켜안고 반가움에 한참 동안 울었다. 마침내 그들은 주인이 준 후한 품값을 노자 삼아 무사히 본국으로 돌아왔다. 도중에 태기가 있어 낳은 것이 바로 강남덕(江南德)이다. 여기에서는 강남덕에 대한 이야기는 생략하기로 한다. 다만 우리는 이 이야기를 통해 "집에 어진 아내가 있으면 남편이 뜻밖의 재액을 입지 않는다"는 격훈(格訓)을 증명해 주는 강남덕의 어머니의 갸륵한 행동을 볼 수 있다.

"어진 아내는 육친을 화목하게 하고, 아첨하는 아내는 육친의 화목을 도리어 깨뜨려 놓는다."

[원문]
賢婦는 和六親하고 佞婦는 破六親이니라.

[주석]
육친(六親) 부모, 형제, 처자의 여섯 가지 친족을 말함.

[총론]
부인으로서의 덕, 곧 부덕(婦德)·부용(婦容)·부언(婦言)·부공(婦工)이 있어야 훌륭한 부인이라고 한다.

　이 네 가지 덕이란 물론 재주가 뛰어나거나 얼굴이 천하일색으로 아름답다거나 청산유수로 말을 썩 잘하거나 손재주가 특출한 것을 말함이 아니다. 곧은 지조와 청렴한 절개, 깨끗한 옷과 티없는 몸, 꼭 할 말만 하는 것, 길쌈을 하고 음식을 깨끗이 하여 손님을 대접하는 것만이 위에서 말한 사덕(四德)을 갖춘 것임을 알 수 있다.

"어린아이가 혹시 나를 보고 욕한대도 내 마음 도리어 기쁘고,

부모가 날 보고 걱정하시면 내 마음 도리어 달지 못하네.

한쪽 말은 기쁘고 한쪽 말은 도리어 달지 못하니,

자식 대하는 것과 부모 대하는 마음 어찌 이리 현저한가?

그대에게 권하노니 오늘 만일 부모께서 성을 내시거든,

그 부모의 성내심 어린아이가 하는 말로 들어 넘기게."

[원문]
幼兒가 或詈我하되 我心에 覺懽喜하고 父母는 嗔怒我하면 我心에 反不甘
이라. 一喜懽一不甘하니 待兒待父心何懸고 勸君今日逢親怒어든 也應將親
作兒看하라.

　詈 꾸짖을 리　　懽 기꺼울 환　　懸 매달 현

"아이들이 수없이 많은 말을 해도 듣고 나서 조금도 싫어하지 않고,

부모가 한마디만 하면 공연히 쓸데없는 일에 관계한다 하네.

공연히 쓸데없이 일에 관계하는 게 아니라,

나이 먹고 머리 세어 아는 것이 많은 까닭일세.

그대여 부디 공경하여 노인의 말을 받들어 듣고,

젖내나는 어린것들 부질없이 잘잘못을 따지지 못하게 하소."

[원문]

兒曹는 出千言하되 君聽尙不厭하고 父母는 一開口하면 便道多閑管이라
非閑管親掛牽이라 皓首白頭에 多諳諫이라 勸君敬奉老人言하고 莫敎乳口
爭長短하라.

　　管 관리할관　　掛 걸 괘　　牽 끌 견　　皓 흴 호　　諳 알 암

"어린아이 똥오줌 더러운 건 그대 마음에 싫지 않지만,

늙은 부모 침 흘린 건 도리어 미워하고 꺼리네.

그대의 6척 되는 몸뚱이 어디서 왔는가.

아버지의 정력과 어머니의 피로 그 몸뚱이 생겨났네.

그대여, 부디 늙어 가는 부모를 잘 대접하라.

젊었을 때 그들은 그대를 위해서 힘줄과 뼈가 헤어졌나니."

[원문]

幼兒屎糞穢는 君心에 無厭忌로대 老親涕唾零은 反有憎嫌意라. 六尺軀來何處오 父情母血成汝體라 勸君敬待老來人하라. 壯時爲爾筋骨敝니라.

| 屎 똥 시 | 糞 똥 분 | 涕 눈물 체 | 唾 침 타 | 零 떨어질 영 |
| 憎 미워할 증 | 嫌 혐의할 혐 | 筋 힘줄 근 | 敝 폐할 폐 | |

"그대 일찌감치 시장에 가서 떡 사고 과자 사는 것 보면,

부모에게 준다는 말은 적고 항상 아이들 먹인다 하네.

부모는 맛도 보지 못하고 어린아이들만 배불리 먹으니,

이는 자식된 마음 부모의 마음만 못함이로세.

그대여 떡 사는 돈 아끼지 말고 많이 쓰되,

세월이 많이 남지 않은 늙은 부모를 공양하게."

[원문]

看君晨入市하여 買餠又買餻하니 少聞供父母하고 多說供兒曹라 親未啖兒先飽하니 子心이 不比親心好라 勸君多出買餠錢하여 供養白頭少光陰하라.

| 晨 새벽 신 | 餠 떡 병 | 餻 떡 고 | 啖 맛볼 담 |

"시장의 약 파는 가게에는 다만 아이들 살찌는 약만 있고,

부모 건강하게 하는 약 없으니 이 무슨 까닭인가?

아이나 부모나 병들기는 매한가진데,

아이들만 고쳐 주고 부모는 내버려두라는 건가?

제 다리 살을 베어도 역시 부모의 살이어니,

그대여 부디 두 어버이의 목숨을 보존케 하라."

[원문]

市間賣藥肆에 惟有肥兒丸하고 未有壯親者하니 何故兩般看고 兒亦病親亦
病에 醫兒不比醫親症이라 割股라도 還是親的肉이니 勸君亟保雙親命하라.

　　肥 살찔 비　　　丸 둥글 환　　　般 일반 반　　　症 병증　　　股 다리 고
　　亟 급할 극

"부자로 살 때엔 부모 공양하기 쉽건만 부모는 항상 편치 못하고,

가난하게 살 때엔 아이 기르기 어려워도 그 아이 주리지 않네.

한 줄기 마음에 두 가지 길이 있거니,

아이 기르는 것이 부모 위함만 못하다고 말하고 있네.

그대여! 부모 공양 아이 기르듯 하고,

모든 일을 집 가난하다 미루지 말게."

[원문]

富貴엔 養親易로대 親常有未安하고 貧賤엔 養兒難하되 兒不受饑寒이라.
一條心兩條路에 爲兒終不如爲父라 勸君養親如養兒하고 凡事莫推家不富
하라.

　　饑 주릴 기　　　條 조목 조

"부모 공양하는 데에는 두 사람뿐이건만 항상 형제끼리 서로 다투고,

자식 기르는 데에는 열 명이 있어도 모두 다 자기 혼자 맡아 기르네.

아이가 배부른지 춥지 않은지 항상 물어도,

부모의 굶주림과 추운 건 묻지도 않네.

그대여, 부모 공양하는 게 모름지기 힘을 다하라.

당초에는 옷 입고 밥 먹는 것 모두 부모의 것이었네."

[원문]
養親엔 只二人이로대 常與兄弟爭하고 養兒엔 雖十人이나 君皆獨自任이라
兒飽煖親常問하되 父母饑寒은 不在心이라. 勸君養親을 須竭力하라 當初
衣食이 被君侵이니라.

"부모는 지극히 사랑하건만 그대는 그 은혜 생각지 않고,

자식은 한 푼어치 효도를 하건만 그댄 그 이름 자랑하고 있네.

부모 대접은 어둡게 하고 자식 대접은 밝게 하니,

누가 높은 집에 자식 기르는 마음 알 것인가?

그대여! 부질없이 자식이 효도한다 믿지 말라.

아이들의 하는 행동 모두 그대에게 달려 있네."

[원문]

親有十分慈하되 君不念其恩하고 兒有一分孝하면 君就揚其名이라. 待親暗待兒明하니 誰識高堂養子心고 勸君漫信兒曹孝거든 兒曹親子在君身이니라.

[총론]

팔반가(八反歌) 1편은 전편이 모두 "자식은 사랑하지만 부모에게 효도하지 않는다"고 갈파하여 사람들에게 효의 중요성을 강조하였다.

또한 이 팔반가 전편은 원래 명심보감 본집에 수록된 것이 아니고 〈녹계궁지(錄桂宮誌)〉라는 책에 있는 것을 여기에 합친 것이다.

옮긴이 이민수

충남 예산에서 태어나 예동사숙에서 한문을 수학하고
사서연역회 편집위원과 독립운동사 편찬위원회 집필위원을 역임하였다.
현재 민족문화추진회·세종대왕기념사업회 국역위원으로 활동하고 있다.
저서로는 〈아계선생약전〉, 〈윤봉길의사약전〉, 〈사서삼경입문〉,
〈논어해설〉, 〈양명학이란 무엇인가〉 등이 있고
역서로는 〈연려실기술〉, 〈양반전〉, 〈당의통략〉, 〈연암선집〉,
〈동의수세보원〉, 〈효경〉, 〈순오지〉, 〈징비록〉, 〈천자문〉, 〈격몽요결〉,
〈부모은중경〉, 〈공자가어〉, 〈목련경〉, 〈오륜행실도〉, 〈동국붕당원류〉,
〈주역〉, 〈관혼상제〉 등이 있다.

명심보감

초판 제1쇄 발행 2003년 3월 10일
초판 제4쇄 발행 2007년 4월 10일

옮긴이 이민수
펴낸이 정진숙
펴낸곳 을유문화사

창립일 1945. 12. 1
등록번호 1-292
등록날짜 1950. 11. 1
주소 서울시 종로구 수송동 46-1
전화 734-3515, 733-8151~3
FAX 732-9154
E-Mail eulyoo@chollian.net
인터넷 홈페이지 www.eulyoo.co.kr
인쇄 백왕인쇄
제본 정민제책
ISBN 89-324-2067-X 03190
값 7,000원